U0064929

古典文獻研究輯刊

十四編

潘美月・杜潔祥 主編

第 1 冊

《十四編》總目

編 輯 部 編

朱熹《四書章句集注》成書研究

王淙德 著

國家圖書館出版品預行編目資料

朱熹《四書章句集注》成書研究／王淙德 著 — 初版 — 新北市：
花木蘭文化出版社，2012〔民101〕
目 2+96 面；19×26 公分
（古典文獻研究輯刊 十四編；第 1 冊）
ISBN：978-986-254-854-7（精裝）
1.（宋）朱熹 2.四書 3.研究考訂
011.08 101003007

ISBN-978-986-254-854-7

古典文獻研究輯刊
十四編 第一冊 ISBN：978-986-254-854-7

朱熹《四書章句集注》成書研究

作 者 王淙德
主 編 潘美月 杜潔祥
總 編 輯 杜潔祥
企劃出版 北京大學文化資源研究中心
出 版 花木蘭文化出版社
發 行 所 花木蘭文化出版社
發 行 人 高小娟
聯絡地址 新北市永和區中正路五九五號七樓
電話：02-2923-1455 ／傳真：02-2923-1452
網 址 http://www.huamulan.tw 信箱 sut81518@gmail.com
印 刷 普羅文化出版廣告事業
初 版 2012 年 3 月
定 價 十四編 20 冊（精裝）新台幣 31,000 元
版權所有‧請勿翻印

《十四編》總目

編輯部　編

《古典文獻研究輯刊》十四編　書目

《十四編》各書作者簡介・提要・目次

第一冊　朱熹《四書章句集注》成書研究

作者簡介

　　王淙德，台北市人。國立政治大學中文系、國立台北大學古典文獻所，目前就讀於台北市立教育大學中文博士班。

任教於國高中數年。學術興趣爲中國哲學與文獻學，並立志成爲一位研究朱子學的專家，希望能在朱熹注解經典的工作上找到屬於這個時代的學術意義與新的內涵，因此努力朝中西詮釋學結合與發展之方向研究，期望有朝一日能將朱子學重新建構賦與新生命，並加以推展發揚。

提　要

　　本論文乃是從文獻學的角度來審視朱熹之《四書章句集注》，主要的關注點在《四書章句集注》的成書過程，一方面要將《四書章句集注》以前所完成的《四書》相關作品的名義與年代釐清，二方面也要將朱熹完成《四書章句集注》歷程中的思想突破與轉變作一番論述，三方面更要將朱熹對於《四書》或《四書章句集注》的名義與《四書章句集注》的刊刻方式作論證，並藉著這樣的討論來證明朱熹口中的《四書》次序問題。研究朱熹《四書章句集注》以前的《四書》相關著作，目的在說明朱熹不只是單純的理學家或哲學家，而且還是一位態度務實的文獻學家，他整理這些《四書》的文獻資料，正好可以幫助他釐清在當時某些似是而非的想法與觀念，也是爲了讓他在往後注解《四書》時更客觀。另外筆者也從朱熹完成《四書章句集注》的內在思想上來探討，重點在朱熹如何能在無師可問的情形下，透過對《四書》中

某些關鍵性觀念先加以闡釋，而後將這些觀念融入於《四書章句集注》中。還有從朱熹的《四書章句集注》、《四書或問》或《朱子語類》的比較中可以看出，朱熹在詮釋《四書》的前後意態有所不同，原因正在他一開始從文意的解釋下手，而在歷經的年歲的磨練與修養工夫的精進後，慢慢體會到修養工夫的重要性，因此到了後期，可以很清楚地看到朱熹已經轉化成從認識道德實踐理性上來詮釋《四書》。至於《四書》之名，本文從朱熹的相關文獻資料中，證明其為泛稱之名，而非專指《四書章句集注》，加上論證《四書章句集注》在朱熹生前未嘗合刻，推翻了一般認為在朱熹生前曾經合刊過《四書章句集注》之說，藉由此二者的論證，同時間接證明了《四書》次第，實際上只是朱熹所強調的閱讀順序，並非編排順序，換言之，所謂的編排順序是指朱熹的後人或後學者，揣度朱熹之意，將《四書章句集注》按照朱熹認為的《大學》、《論語》、《孟子》、《中庸》這樣的閱讀順序來加以編排的。

目　次

圖　次

第二、三冊　《白虎通》研究—《白虎通》暨《漢禮》考

作者簡介

周德良，臺灣・基隆市人。

國立中央大學中國文學博士。

曾任職：淡江大學、中央大學兼任講師。

現任職：淡江大學中文系專任助理教授。

專書著作：《荀子思想理論與實踐》（臺灣學生書局，2011 年），《《白虎通》讖緯思想之歷史研究》（花木蘭文化出版社，2008 年），《白虎通暨漢禮研究》（臺灣學生書局，2007 年）。

2005 年執行行政院國家科學委員會補助專題研究計畫案，計畫名稱：「東漢白虎觀會議緣起與重塑——兼論白虎觀會議與《白虎通》之關係；2007 年

計畫名稱：「從「心」論荀子理論思想及其儒學性格」。

提　要

　　東漢建初四年章帝詔太常以下及諸儒會於白虎觀，講議《五經》同異，帝親稱制臨決，會議結論作成「白虎議奏」，史稱「白虎通」。《白虎通》自元大德九年刊行以來，一直是研究東漢思想，特別是經學、讖緯學、禮樂文化，甚至是政治制度之重要文獻。

　　本篇論文題目：「《白虎通》研究」，乃是以《白虎通》為研究對象，透過還原文本，詮釋文本，闡釋《白虎通》所蘊含之思想與義理。依《白虎通》各篇之內容性質，可概分成三大類：其一，是總論禮之含義、作用與原理；其二，是論行禮之過程內容，應對進退之儀式，與各別具體行禮之內涵意義；其三，是禮所規範下之人倫秩序，與國體組織章程與運作之政治制度。《白虎通》乃是「正名」當時之名物度數，所論不離政治制度與人倫秩序，全書集「三禮」之所長，深具組織結構。

　　《白虎通》承襲傳統陰陽五行與天人感應之思維，以陰陽五行分判天地萬之生成流變，並提供天人感應之媒介；而天人感應學說以符命鞏固政權之正當性，並以機祥災異使臣下有以制約君權之憑藉。更重要者，《白虎通》將陰陽五行與天人感應之觀念導入禮學之中，提供制禮之理論基礎，使《白虎通》成為一部理論與實踐結合、且最具時代意義之典籍。

　　論文副標題：「《白虎通》暨《漢禮》考」，其中，「《白虎通》」係指元大德本所傳之文本，而「《漢禮》」，則指東漢章帝敕曹褒集作之書。言「暨」，實質有二義：其一，與也，分別考證《白虎通》與《漢禮》兩書；其二，即也，考證《白虎通》與《漢禮》兩書是否為一？由《白虎通》文本分析，其成書之體例與全書之性質，呈現恢宏企圖與組織架構，實是一部具體而微之禮制法典；相較於史書所描述之白虎觀會議資料，兩者存在若干矛盾。本文推測《白虎通》並非白虎觀會議之資料彙編，而是曹褒所制之《漢禮》；意即，後人將《漢禮》「張冠李戴」以為「白虎通」，至蔡邕獲賜「白虎議奏」，《白虎通》文本遂以「白虎通」之名而流傳於世，從此困惑中國學術七百年矣！

目　次

第四冊 漢文帝詔令之研究

作者簡介

　　嚴源芳,民國五十二年於臺北出生。祖籍湖南省平江縣。五專畢業後,工作之餘,轉讀文學。近年考入華梵大學東方人文思想研究所進修,鑽研儒學領域。由於從事文書暨檔案工作有年,在耳濡目染、潛移默化下,對應用文學產生興趣,輒以帝王詔書發端,一步步探索,窺其堂奧。

提 要

　　漢詔淵雅,而漢文帝之詔更銜華佩實,含英咀華,擇其詔令探討。本論文共分五章。第一章緒論,下分三節。第一節研究動機,說明選取漢文帝詔令作研究的原由。第二節研究方法,用《史記》、《漢書》、《四庫全書·兩漢詔令》、《全上古三代秦漢三國六朝文》等書所載漢文帝詔令,以文獻分析法、統計分析法、對比分析法、歸納法、類化分析法、詮釋法等交互運用,構築本論文之整體。第三節近人研究成果,以陳志源及徐泰琳兩位研究詔書之碩

士論文爲參考，繼踵跟進以思齊焉。第二章詔令之定義及其文體，分爲三節。第一節定義與探源，帝王詔令自古有之，名稱各異。秦有天下後，制詔定調，沿襲至清以終。第二節文體與結構，詔令文體不屬純文學之領域，乃應用文的一種，其特性有四：即一貫性、法制性、規範性、代作性。第三節遣辭與用字，詔令多爲代筆之作，用字遣辭皆屬一流，因而詔令斐然成章、擲地有聲。第三章漢文帝及其詔令內容述釋，分爲三節。第一節漢文帝生平，漢文帝孝慈仁德，踐祚後，續行休養生息之政，在既有基礎上，勵精圖治，把漢初社稷帶向一片榮景，史家稱許他與其子景帝之世爲「文景之治」。第二節漢文帝詔令之數量，漢文帝之詔令用《史記》、《漢書》、《四庫全書・兩漢詔令》及《全上古三代秦漢三國六朝文》四部書籍，經交錯比對，得三十四篇。第三節漢文帝詔令內容述釋，將所爬梳剔抉之三十四篇漢文帝詔令分爲農業、法律、社會、祭祀、軍事、外交國防、人事、求言舉賢、品德等九類，並加論說與闡述。第四章漢文帝詔令之特色及影響，分爲二節。第一節漢文帝詔令之特色，其詔文修辭乃質樸與文采兼具，自然形塑了帝王詔書的典範。第二節漢文帝詔令之影響，舉政情氛圍、敬老尊賢、注重農邊、下罪己詔、審度刑法、作君作師六方面以觀之。第五章結論，爲本論文各章作出總結。漢文帝之詔令印證其孝悌仁厚之個人特質與治國平天下之卓著政績，殊屬交相輝映。

目　次

葉夢得年譜

作者簡介

　　邱世芬，台灣嘉義人。東海大學中文研究所碩士畢業，銘傳大學應用中文研究所博士班進修中。

提 要

　　年譜乃以編年順序記載一人生平行事，年譜之作，除可補正史料之缺誤，更可藉而深入了解譜主及其作品之情感與思想。

　　葉夢得才幹過人，且爲南北宋之際文學巨擘。政治方面，其所歷京職州鎮，政績斐然，皆有能聲，而見重於當世名賢；軍事方面，其出入兵間十餘年，「所平治不爲不多」，英謀偉略，頗有見解；文章著述，深爲士林推崇，所著說部雜記，「山水之音、詩書之氣，時時溢於楮翰之間」。前人編敍葉夢得年譜者，或早佚，或疏略，是以其生平事歷可加考詳者猶夥。本書除記葉夢得仕履行事之外，尤致力於詩文之繫年，並附錄葉夢得交遊索引於譜後，期爲研究宋代文史者之一助。

目 次

第五冊　金元少數民族詞人及其作品研究

作者簡介

　　郭翊雲，1980 年生，臺灣臺南市人。從小對語文有濃厚的興趣，2002 年畢業於國立台中師範學院（現更名爲台中教育大學）語文教育學系，之後投入教育職場，現任職於台南市立東區東光國民小學。2005 年於國立成功大學中國文學研究所在職進修，修業期間，幸得指導教授王偉勇先生之啓蒙開發，從事金元兩代詞學之研究。2010 年完成《金元少數民族詞人及其作品研究》之論文發表，2011 年又獲王偉勇教授之推薦，始成本書。

提　要

　　金元少數民族詞人是指金、元之際，中國之少數民族或有少數民族之血統，且深受漢文化薰陶的作家，計有十八人，詞作一百二十六首。其中屬金詞者有七人，二十一首作品，屬元詞者有十一人，一百零五首作品。由於他們並非文學史上的重要詞家，詞作又多散佚流失，歷來少有人進行系統性的論述研究。因此，本論文分別從作品箋注、作家生平、內容分析、蘇黃詞論之繼承四個方面進行研析，期能爲金元少數民族詞人及其作品做更深入的呈現，並對宋以後詞學發展及少數民族的創作有更清晰的認識。

　　由於金元少數民族詞人及其作品歷來未有完整的收錄和整理，故本論文綜合唐圭璋、張子良和黃兆漢等先生所錄版本，先做出較爲完善的注本，以求其詞內容之全貌。再整理史傳資料，且融會作家其他體類的作品，從其生平際遇和其他體類作品做文史互證與交叉比對，深入研析一百二十六闋詞，並將內容論述的重點，予以分類說明。歸納得知此詞人群體及其作品，受到「蘇學北傳」的影響，多繼承蘇黃之學，呈現豐富多樣的題材、豪爽直率的風格，並鎔鑄口語方言、援引典故及化用前人作品，以抒發個人情志爲主，足見金元時期在詞體文學上民族融合的成功；且這群少數民族詞人在語句、內容和風格上，皆能推陳出新，爲金元詞壇帶來清新的風貌，對詞體文學創作生命的延續，極具影響力。

目 次

第六、七冊　劉敏中《中庵樂府》研究

作者簡介

　　陳珈吟，一九八五年生，彰化人，彰化師大國文所畢，現任公立高中教師，研究領域為古典詩詞、現代詩、寫作教學及臺灣文學。迷戀緩慢寧靜的生活，喜歡凝睇世界的表情，信仰閱讀寫作的養分，曾獲全國語文競賽、全球網路作文、彰師白沙文學獎、嘉大文學獎、中華電信旅行徵文等獎項，撰有〈胡殿鵬詠古詩研究〉（中興大學編：《中區中文所研討會論文集》）、〈童年、鄉景、親情　論管管詩中的鄉愁書寫〉（蕭蕭主編：《現代詩壇的孫行者：管管作品學術研討會論文集》，萬卷樓出版）等學術專論。

提　要

　　元詞發展的時空背景，剛好處在無論題材、風格、創作數量和質量上，皆極致發展的宋代之後，相形之下，元詞很難再開出新的路徑；而元代又以創作曲文為盛，詞則不若以往受到重視。加以後世戰禍頻仍，元集作品保存蒐羅不易，今日可見之元集校注本，也不過冰山一角而已，更別論元詞之研究。因此歷來研究詞學者，多半把重心放在宋、清二代，對於處於過渡的元詞，則視為衰亡沒落的象徵。但就作為詞史的一部分來看，元詞自有其價值；

實際上，元詞去宋未遠，又能承兩宋之流風，仍具有一定的創作規模。

　　本論文以「劉敏中《中庵樂府》研究」為題，蓋因劉敏中為元代前期北方詞壇的代表人物之一，其詞頗有佳評，被歷來學者列為「一統期詞苑之繁茂」、「元初的詞壇巨擘」等大家詞人行列。首章介紹劉敏中之生平經歷及著作概況，在家庭背景方面，主要瞭解父祖輩及母親對他的人格養成教育。在仕宦歷程中，劉敏中敢於彈劾權貴，能針對官場情狀及社會弊端，實踐政治理念，也關心民生問題，具有民胞物與的精神。當政治環境污濁，或有疾在身時，劉敏中也從不戀棧，毅然辭歸。其所交遊之人物，無論仕宦經歷，或是人格品行，幾乎與劉敏中有相仿之處，並形成一特定交友圈。其次針對劉敏中的著作概況，介紹了《中庵集》的刊刻流傳情形、兩大版本系統——大典本和元刻本、版本特色，及《中庵樂府》的輯出經過。

　　詞作內容方面，可分成酬贈應答、詠物託意、感時遣懷、即景抒情四大類別。酬贈應答一類，有以詞代書，抒發個人的際遇或生活體會；有賀人喜慶，表達祝福與同樂；題贈之類，有傷感或不捨之情，戲作則兼有娛興和自道志趣與幽居生活的效果；也有餞送友朋，為對方將遷官赴任而寫，言詞中充滿對未來宦途的祝福與期待。其詠物作品，因時空背景不同，雖無遺民之哀婉寄託，但大致上能表現自己的人生體會，抒發小我的情思，也有獨特之處；尤其他對特定亭臺閣樓、山水奇石之命名與歌詠，絕非純作欣賞，實具有嚮慕之意。另一類詠物詞，則多用形式短巧的小令，摹形寫物，觀察細膩。感時遣懷一類，可分為撫時感事與憶舊懷人，抒情意味濃厚。即景抒情類別，或寫自然清景，或情景相生。

　　在寫作技巧上，則自其調律聲情、修辭技巧及語言特色加以考察。劉敏中詞調律多用小令，在調律剛柔、句式奇偶及用韻疏密三方面，聲情詞意相諧。修辭技巧方面，劉敏中點化前人典故，融匯運用古人辭語及故實入詞，舉凡經、史、子、集語，皆有所用。就移情作用來看，則有許多和自然對談、相望，或者將它想像成具有人類情感和動作的句子，能達到拉近物我距離之效果。在語言特色上，除了少數應酬詞外，其餘作品，無論用字遣詞或是情感呈現，用字不假雕琢，語言自然平易，能促進情感的真誠流露。

第八冊　鄭經《東壁樓集》研究

作者簡介

　　阮筱琪，畢業於東吳大學中國文學研究所，現服務於國語日報。

提　要

　　本文主要探討鄭經《東壁樓集》詩歌內容題材與寫作技巧，並剖析其創作特點。

　　首先引用明鄭史料，建構出明末動盪的時局，鄭氏與明室、清廷、三藩之間的關係；並探討鄭經的身世經歷、交遊狀況，以及當時的政治時局，以此探討其人生閱歷。

　　分析《東壁樓集》的自序，並探討成書經過，定名緣由。本文文本使用之版本，以《東壁樓集》「泉州刻本」為主，《全臺詩》為輔，分析其詩歌內容題材和寫作技巧。

　　最後，從鄭經的身世、《東壁樓集》的內容題材、寫作技巧三者交叉研究下，還原鄭經的人生態度及心境。並且歸納出《東壁樓集》的貢獻與特點，一是鄭經形象之重塑，二是記錄臺灣之風物，三是明鄭文學之代表。

　　因此，從《東壁樓集》中，不但可從中瞭解臺灣在明末清初的景況，能從中了解鄭經在經營臺灣期間的生活狀況與感情思想，更可從《東壁樓集》一書中探討臺灣早期古典詩發展，重新給予鄭經個人在歷史與臺灣古典詩史上的定位。

目　次

第九、十冊　宋梣澄及其《九籥集》研究

作者簡介

劉思怡，臺中人，東吳大學中國文學系碩士，主要研究興趣為古典小說，目前為東吳大學中國文學系博士班研究生、兼任講師，求學與工作歷程均與東吳大學密不可分。

提 要

小說是明代文學的表徵，通俗小說在明代獲得高度的發展，文言小說相對遜色，其中祇有傳奇小說較有實績，尤其是明代中期以後，不少文人從事傳奇小說的創作，宋楙澄（1569～1620 年）是成就最高的。他最著名的傳奇小說是收錄在《九籥集》的〈負情儂傳〉及〈珠衫〉等，此二篇被馮夢龍改編成擬話本小說〈杜十娘怒沉百寶箱〉及〈蔣興哥重會珍珠衫〉，成爲「三言」中最膾炙人口的名篇。馮夢龍改寫的功力自不待言，但宋楙澄原創的成功，亦不容抹煞。

《九籥集》是宋楙澄的詩文作品集，它的刊刻在晚明就受到馮夢龍、凌濛初、陸人龍的青睞，在清代卻因乾隆皇帝編纂《四庫全書》，被奏准列入全燬書目，從此在文壇上消聲匿跡。時代的悲劇無法逆轉，卻可藉由學術研究，重新認識宋楙澄《九籥集》的價值所在。

本論文著眼於宋楙澄個人及其著作《九籥集》二大主軸來進行，首先探討宋楙澄的家世生平、師承交友與人格特質，從其童蒙苦讀、啼聲初試、壯游淬礪，到老來病磨的一生中，紬繹其性格節操及精神氣度，再延伸論其著述與禁燬。其次進行《九籥集》的主題研究，分詩編、文編、稗編三個方向論述。詩編論其思想內容、詩學主張及創作表現。文編論其文學主張、文章風格，並就表現突出的散文小品及山水遊記以專章分析，檢視他在文壇的主要貢獻。稗編則從其先進的小說概念出發，對照其創作的風格與技巧，以驗證他在傳奇小說的卓越成就。另隨文檢附〈宋楙澄年譜〉，期能在宋楙澄及其《九籥集》相關議題的範疇內，有完整的研究成果呈現。

目 次

第十一、十二、十三冊 《集韻》引《說文》考

作者簡介

黃桂蘭，1946 年生，台灣師範大學國文系學士，政治大學中國文學研究所碩士。早年曾留意於文字學與晚明小品之探討，其後則專注於明清之際遺民詩及清初涉臺詩文之研究。所著專書有《集韻引說文考》、《張岱生平及其文學》、《白沙學說及其詩之研究》、《吳嘉紀陋軒詩之研究》；單篇論文有〈白沙詩論及詩之風格〉、〈白沙詠物詩之探討〉、〈晚明文士風尚〉、〈論張岱小品文的雅趣與諧趣〉、〈試論明清之際詩人的詩史意識〉、〈明末清初社會詩初探〉、〈從諷諭詩看明季窳政〉、〈方其義與時術堂遺詩〉、〈從泊水齋詩文看晚明現象〉、〈試窺千山詩集的明遺民心境〉、〈從赤崁集看清初的台灣風貌〉、〈存故國衣冠於海島——盧若騰詩文探析〉等十餘篇。

提 要

《說文》今世無傳，惟徐鉉、徐鍇二本，世稱大、小徐本。然二徐本經後人竄亂增刪，亦非其舊矣。《說文》原書既不可得，今見存於經史百家疏注音義中稱引《說文》者，如鄭康成注《考工記》、《禮記》等，仍存十餘種之多，而宋世韻書，如《廣韻》、《集韻》並徵引《說文》，雖在徐鉉校定之後，亦足資取證，尤以《集韻》收字最爲賅博，其韻例又首揭「凡字訓悉本許愼《說文》」，其所引《說文》計九千二百四十一字，於《說文》一書，幾援載殆盡。是則欲參訂二徐，上窺唐、宋以前《說文》原貌，鈎稽《集韻》引《說文》，庶幾可得矣。

本文於《集韻》引《說文》與二徐同而是者，從略不論。其與二徐同而非者及與二徐異者，計二千九百三十三字，乃大別爲以下十二類：（一）《集

韻》是，大徐、小徐非者。（二）《集韻》與大徐是，小徐非者。（三）《集韻》與小徐是，大徐非者。（四）《集韻》、大徐、小徐詞異而義得互通者。（五）《集韻》、大徐、小徐互有是非者。（六）大徐、小徐是，《集韻》非者。（七）大徐是，《集韻》與小徐非者。（八）小徐是，《集韻》與大徐非者。（九）大徐、小徐、《集韻》並非者。（十）《集韻》引大徐新附字者。（十一）《集韻》引《說文》而今不見者。（十二）存疑。至論其是非之詳，具見於案語中。

目 次

第十四冊　馬驌之生平與學術

作者簡介

　　李時銘，國立政治大學中文研究所文學博士，曾任台北市立國樂團指揮兼副團長、國立實驗國樂團專任指揮，現任逢甲大學中文系教授。主要研究領域爲經學、音樂與文學、中國音樂史、文獻學等，著作有《詩歌與音樂論稿》、《全唐賦》（共同主編）及〈作樂思想的理論及其實踐〉、〈正樂與詩樂之雅俗〉、〈論重編《全漢賦》──以費編《全漢賦》在文獻整理上的問題爲借鑑〉、〈論臺灣賦之編纂〉等。

提　要

　　馬驌是清初的學者，以史學見長，兼擅經學，他留下兩部主要的著作：《左傳事緯》與《繹史》，前者將《左傳》易編年爲紀事，是同類著作中較嚴謹的；後者則裒集古史史料，依事立目，並根據史料之信度，彙聚編次，對於近代的古史研究，產生相當大的影響。但是這種爲人作嫁的基礎建構工作，並不如創發理論或論證問題般的吸引注意，因此長期以來，並未得到應有的評價。

　　本文一則考辨馬驌的生平學行及其著作，一則析論其學術成就。全編分爲七章：一、生平事蹟，探討馬驌的身世親族、科第仕宦以及交游等；二、著述，討論其《左傳事緯》、《繹史》、《鄒平縣志》等書之撰作經過與刊刻存佚；三、經學，分就《詩》、《書》、《禮》、《春秋》四部分觀察馬驌在經學方面之特識與成績；四、史料學，依據《繹史》引述書目及徵採情況，討論馬氏在史料蒐集考辨上之功力；五、歷史編纂學，就《左傳事緯》與《繹史》之編輯，論析其成就；六、歷史批評，輯錄馬驌關於知人論世之文字，以見其史識；七、結論，就馬驌著作本身之成就與其後承襲其體製、論據之情形，評估馬氏在學術史上之地位。

目　次

第十五冊　《古今圖書集成‧山川典》山水版畫研究

作者簡介

　　呂季如，淡江大學中國文學碩士。

　　任職於國立故宮博物院圖書文獻處研究助理。

　　著作：〈古籍生色──簡介院藏套印本《杜工部集》〉（《故宮文物月刊》，298 期）。〈論爭與流傳相終始的歷史地圖集──談院藏《歷代地理指掌圖》〉（《故宮文物月刊》，304 期）。〈鐫畫山水──院藏「赤壁圖」版畫賞析〉（《故宮文物月刊》，315 期）。

　　助理編撰：《筆畫千里──院藏古輿圖特展》（國立故宮博物院，2008）；《捲起千堆雪──赤壁文物特展》（國立故宮博物院，2009），《黃金旺族──內蒙古大遼文物展》（國立故宮博物院，2010）。

提　要

　　以類書的版畫以及山水版畫為專題的研究，學術界迄今普遍不足；同樣的，以《古今圖書集成》的插圖為課題的研究，至今仍未見相關而全面的探討。有鑑於此，遂激起個人對這課題的興味。

　　本文以《集成‧山川典》山水版畫，做全面的整理與研究，並與其他相關古籍中的山水版畫逐一的比對與分析。所舉文獻，除清雍正四年（1726）武英殿刊本的《集成》外，另採錄收圖形式較為相近的古籍，如《三才圖會》、《圖書編》、《海內奇觀》、《名山圖》、《南巡盛典》等書的山水圖版，舉例分析。

　　研究方法，除首、末章的緒論與結論外，第二章談清代早期以前山水版畫發展概況。第三章對《集成‧山川典》山水版畫作評析，將〈山川典〉插圖內容；分成較具特色的三大類。如：五嶽、五鎮、宗教名山插圖；蘊含故事的人物或情節之插圖，以及具導覽性質的插圖。第四章評述《集成‧山川典》山水版畫的特色；將〈山川典〉的插圖特色，分成三個方向說明。如：插圖收錄的廣博與精要；插圖表現的寫實與藝術，以及插圖的取材與形式；最後總結《集成‧山川典》圖版的成就與價值。

目　次

圖表目錄

表　格

圖　版

第十六冊　曾國藩家書研究

作者簡介

　　陳如雄，字普澤，台灣南投人。台灣師大國文研究所碩士、輔仁大學中文研究所博士，任教於台北市中國科技大學。治身，修習儒道及大乘菩提道世出世間法，以《學》、《庸》、《論》、《孟》及般若（《金剛經》等）、二楞（《楞嚴經》、《楞伽經》）為主。為學，重視深切實用之學，以先秦儒學、經世之學為主；並及陶（潛）、韋（應物）、寒（山）、杜（甫）之詩，王（安石）、顧（炎武）、姚（鼐）、梅（曾亮）之文。著有《曾國藩家書研究》、《曾國藩古文研究》及〈杜甫遊何氏山林詩探析〉、〈杜甫經世方針研究〉等。

提　要

　　曾國藩家書內涵龐雜，涉及不同主題，備載其入仕後三十餘年之行事與思想，乃是探究其修己治人、開物成務之道者所必讀，故先舉述其生平之大要，以略曉其修、齊、治、平之經歷與心行，而得與其家書所云者相發明也；次略述歷代家書之源流，以見前賢護持家道、教養子孫之用心，而知家書一體於吾國歷史文化中之獨特價值也。

　　曾國藩約自卅歲起，正式從事學問之研究，憑其好學苦思之特質，及世變日亟之激發，乃漸建立其特有之治學觀；其學涵涉四部，有其獨到見識；故計由治學目的、治學津逮、治學規模三端以探之。曾氏尤於詩文、書法研索極勤，凡此之理論建樹及創作成就，實超越於其義理及考據之學，故特就

其古文、詩歌、書法三者以研之。曾氏一生於事功能立、文章有成，然當其苦撐於驚濤駭浪之中，圖存於百般磨折之際，每能以堅忍之意志、深潛之氣質，絕處逢生、力挽頹勢，實與其平日重視修養者息息相關：故先述其修身之道，乃以精神之修養、生命之提昇爲主；次述其養生之道，蓋以旺盛之精神，實有賴於強健之體魄，此則攸關色身之調養及鍛鍊，而亦每與內在之修飭相表裏。此論曾氏家書與其修業、進德之要旨。

曾國藩自三十歲後長年在外，忙於治軍、從政，然其對家庭之關懷、子弟之教養，卻面面俱到，無微不至，數十年如一日，長期提示居家、處世及作人之道；其於齊家之理念及方法，闡述綦詳，無論家道興衰之幾、防微杜漸之道或惜福以保長遠之策，體察深切、指點清晰，影響殊鉅；故先總其家道興衰之理，次申其家道長遠之策。曾氏本爲純粹之文人，既未精研政治，亦未專攻兵學，入仕後目睹世局已壞，國勢日衰，風氣澆薄，百姓疾苦；乃研討實務、實學，困知勉行，思索問題之所在，尋覓解決之方案，逐漸養成一代領導人物之器識，及治人、治事、治政、治軍之能力；故計由治政及治軍二端，探索其經世之理念及方策。此論曾氏家書與其齊家、經世之要義。

曾國藩之家書，題材包羅萬象，舉凡修省、治學、研藝、齊家、經世之術諸端，莫不涉及。本書惟就其大處略行爬梳歸納，謹述書中要點如上；復以體現中國文化之特色、彰明教育平正之精神、顯示爲學研藝之見識三端，略總其家書之要趣以殿焉。

目 次

第十七冊　《老子》研究在美國

作者簡介

　　彭振利，台灣雲林人，1962 年生。雲林科技大學應用外語系、雲林科技大學國際漢學研究所碩士。曾任台灣新聞網記者、雲林縣新聞職業工會常務監事，現爲雲林縣高登語文教育機構負責人。

　　家叔少時曾上過私塾，因此幼時嘗目睹其床頭擺滿了許多泛黃的古籍線裝書，也曾聽其以臺語漢音朗誦那些古籍謄本，句讀聲中雖只聽其音而無法了解其中深意，但當時我的幼小心靈即萌生對古文化思想的響往。然而時不我予，過去所學都未能恰如其份的符合我的興趣，一直到了研究所期間師事李哲賢教授，接觸先秦學術思想的領域，特別是關於外國學者研究中國的學術思想，即一般所稱的國際漢學，遂引起我很大的興趣，嗣經四年時間才完成《老子研究在美國》一作，成爲我的碩士論文。

提　要

　　《老子》乃中國哲學的代表作，老子的「道」無疑是中國形而上學的開端，其玄理、玄智不僅爲中華文化數千年來的哲學探討焦點，更是近百年以來西方漢學界研究的對象之一。《老子》在十九世紀中葉之後，即傳入西方的英語世界，歷經國外學者的翻譯與介紹之下，已在國際之間也產生了廣大的影響。從二十世紀初期在美國開始有《老子》之譯介著作出現，到目前爲止

《老子》研究在美國已有蓬勃的發展「跡象」。除了早期的文本譯介性質之外，有關詮釋《老子》之哲學思想及義理內容之著作，也有不斷地推陳出新的趨勢，其中不乏有些獨到的見解。然而國內學界對於美國漢學界之老子研究成果，至今尚未有相關的介紹，更談不上完整而深入的探討，實為可惜。本論文乃針對美國漢學界對《老子》研究之論著，作一完整剖析，盼能為國內學界提供一種新的視野，此乃本論文之主要的目的。

目　次

第十八冊　《三國演義》研究在美國

作者簡介

　　郭興昌，臺灣省雲林縣人，畢業於台北市立師範學院（今台北市立教育大學）特殊教育學系，現為國小身心障礙資源班教師，曾獲選為雲林縣 98 年度特殊優良教師。作者從小就喜愛閱讀文學及歷史的相關書籍，對歷史故事及小說更有濃厚的興趣，小學時常常因為閱讀《三國演義》而廢寢忘食。也因為無法忘情於文學，遂在擔任教職四年後，以公假進修的方式，進入雲林科技大學漢學資料整理研究所攻讀碩士學位。由於對《三國演義》的著迷，碩士論文即以美國漢學界對《三國演義》一書的研究為範疇，整理相關文獻並做完整而深入的探討。

提　要

　　《三國演義》乃中國古典文學名著，自成書以來一直深受廣大中國人民的喜愛，對華人世界的影響更是無遠弗屆。不但如此，《三國演義》在十九世紀二〇年代開始傳入英語世界後，也一直受到國外學者的重視，透過國外學者的翻譯和介紹，這部小說在國際上也產生了廣大的影響。美國漢學界對中國傳統小說的研究不遺餘力，尤其對《三國演義》這部小說更展現了濃厚的興趣以及可觀的研究成果，其研究的範疇包括作者、主題思想、版本源流、篇章結構、人物形象等，且常有獨特的創見。可惜，台灣學界對美國漢學界《三國演義》的研究，除了幾位學者曾對其研究內容作概括性的介紹，以及翻譯幾位大師的著作以外，至今尚未對《三國演義》在美國漢學界的研究成果作一完整而深入的探討，至為可惜。本論文乃針對美國漢學界對《三國演義》研究之專書及單篇論文等，作一完整之剖析，期能更完整呈現其研究成果，並為國內的《三國演義》研究提供一種新的視野。

目　次

第十九冊　《儒林外史》研究在美國

作者簡介

　　王美惠，1973 年出生於雲林縣。1995 年畢業於國立新竹師範學院語文教

育學系，2008 年畢業於國立雲林科技大學漢學資料整理研究所碩士班。

師範學院畢業後，自民國 84 年起即任教於雲林縣虎尾鎮立仁國民小學。任教迄今 16 年來，除認真執教各科目之外，更用心推廣字音字形教育，除多次指導學生獲得佳績，本人亦曾於民國 93 年獲得全國字音字形比賽第四名。

有感於漢學之優美，而在職進修取得碩士學位，有幸獲指導教授推薦出版，盼各界先進指教。

提 要

《儒林外史》是我國文學史上相當重要的一部著作，在諷刺文學體裁上建立一個里程碑。十八世紀中葉，開始以抄本形式流傳，於二十世紀始傳入英語世界，兩個多世紀以來，在世界文壇上也佔有一席之地。二次大戰後，美國政府以及一些基金會開始訓練有關中國研究的人才。隨著研究的日漸深入，越來越多西方學者意識到古典小說的學術價值。許多美國學者以《儒林外史》為題撰述相關著作，並有許多論文發表，可見美國漢學界對《儒林外史》的重視程度，其研究範疇涵蓋主題思想、敘事結構、人物形象、諷刺藝術、敘事技巧、文學價值等，美國學者之見解多有其獨到之處。唯，國內並無美國漢學界有關《儒林外史》研究的介紹，至為可惜。因此，本文題為〈儒林外史研究在美國〉，所探討的對象以曾在美國從事教學研究之學者所已發表之英文論著為準，筆者依據這些研究述要，將美國漢學界對《儒林外史》之研究作一完整剖析，期能藉此整體評析以完整呈現其研究成果，提供國內《儒林外史》研究之參考並擴大相關研究之視野。

目 次

第二十冊 《紅樓夢》伊藤漱平日譯本研究

作者簡介

　丁瑞瀅

　台灣雲林縣麥寮鄉人

　銘傳大學應用中國文學研究所　碩士

　國立空中大學人文學系畢業

　研究領域：清代小說，紅學

　嗜好與興趣：旅遊、閱讀、寫作

　原本學商的作者，發現自己對中國文學的喜愛，進入中文研究所後，以研究《紅樓夢》為目標。

提　要

　　對讀者而言，《紅樓夢》不僅是一本吸引人的精采小說，更是由數千年中華文化所累積而成，豐富的寶藏。隨著國與國之間的距離縮小，語言與語言之間的交流頻繁，異文化間的交流需要的便是翻譯。翻譯《紅樓夢》的譯者除了必須是原作與譯本讀者的中間人外，尚需具有豐富的知識與深厚的學力。

　　曹雪芹用十年的時間寫成《紅樓夢》，日本紅學家伊藤漱平，用了五十年的時間不斷翻譯、改譯，並研究它。其譯文的優美與嚴謹，並不遜於原作。本論文由各種角度，探討伊藤漱平譯本《紅樓夢》之特色成就、四次改譯本間的差異與精進及其紅學研究成果。

　　本論文的內容分為六個部份：

　　第壹章緒論：說明前人研究成果、研究動機、研究範圍、研究方法。

　　第貳章曹雪芹與伊藤漱平：略述《紅樓夢》的作者曹雪芹、及成書經過，《紅樓夢》編校者俞平伯，譯者伊藤漱平的生平與紅學成就。

　　第參章《紅樓夢》在日本：探討《紅樓夢》在日本之流傳與翻譯、對日本的影響與伊藤漱平翻譯《紅樓夢》之始末。

　　第肆章四次譯本比較：由參考資料、內容、附錄來比較伊藤漱平四次譯本。

　　第伍章伊藤譯本之特色與成就：歸納伊藤譯本之翻譯特色、譯本中的文史知識與貢獻及語言表現方法。

　　第陸章結論：歸納伊藤譯本之意義與貢獻、及本文之成果與未來研究方向，並簡述心得與感想。

目　次

朱熹《四書章句集注》成書研究

王淙德　著

作者簡介

　　王淙德，台北市人。國立政治大學中文系、國立台北大學古典文獻所，目前就讀於台北市立教育大學中文博士班。

　　任教於國高中數年。學術興趣為中國哲學與文獻學，並立志成為一位研究朱子學的專家，希望能在朱熹注解經典的工作上找到屬於這個時代的學術意義與新的內涵，因此努力朝中西詮釋學結合與發展之方向研究，期望有朝一日能將朱子學重新建構賦與新生命，並加以推展發揚。

提　　要

　　本論文乃是從文獻學的角度來審視朱熹之《四書章句集注》，主要的關注點在《四書章句集注》的成書過程，一方面要將《四書章句集注》以前所完成的《四書》相關作品的名義與年代釐清，二方面也要將朱熹完成《四書章句集注》歷程中的思想突破與轉變作一番論述，三方面更要將朱熹對於《四書》或《四書章句集注》的名義與《四書章句集注》的刊刻方式作論證，並藉著這樣的討論來證明朱熹口中的《四書》次序問題。研究朱熹《四書章句集注》以前的《四書》相關著作，目的在說明朱熹不只是單純的理學家或哲學家，而且還是一位態度務實的文獻學家，他整理這些《四書》的文獻資料，正好可以幫助他釐清在當時某些似是而非的想法與觀念，也是為了讓他在往後注解《四書》時更客觀。另外筆者也從朱熹完成《四書章句集注》的內在思想上來探討，重點在朱熹如何能在無師可問的情形下，透過對《四書》中某些關鍵性觀念先加以闡釋，而後將這些觀念融入於《四書章句集注》中。還有從朱熹的《四書章句集注》、《四書或問》或《朱子語類》的比較中可以看出，朱熹在詮釋《四書》的前後意態有所不同，原因正在他一開始從文意的解釋下手，而在歷經的年歲的磨練與修養工夫的精進後，慢慢體會到修養工夫的重要性，因此到了後期，可以很清楚地看到朱熹已經轉化成從認識道德實踐理性上來詮釋《四書》。至於《四書》之名，本文從朱熹的相關文獻資料中，證明其為泛稱之名，而非專指《四書章句集注》，加上論證《四書章句集注》在朱熹生前未嘗合刻，推翻了一般認為在朱熹生前曾經合刊過《四書章句集注》之說，藉由此二者的論證，同時間接證明了《四書》次第，實際上只是朱熹所強調的閱讀順序，並非編排順序，換言之，所謂的編排順序是指朱熹的後人或後學者，揣度朱熹之意，將《四書章句集注》按照朱熹認為的《大學》、《論語》、《孟子》、《中庸》這樣的閱讀順序來加以編排的。

目

次

圖 次

第一章　緒　論

第一節　問題意識的產生

　　文獻的形成，有其一定的脈絡，有些文獻的完成是作者個人思想的顯現，有些文獻則匯集了眾多前人思想而成其宏大。個人思想之作，如果要加以研究，往往只能從其著作的內容中探尋其思考之內在理路，因為該文獻之出現與完成，作者並未透露，特別是在藏密於私的情形下所完成的作品，經常所見便已然是作品的全部。至於匯集前人思想的作品，有時我們亦僅只能見其宏大而難望其項背，對於何來眾多作品，以及作者如何整理、篩選這些作品，通常我們亦難得知，因此文獻的形成雖有其過程，但是實際上卻有背後不可探知的完成步驟。

　　如果要挑選一部宋代以後影響中國最深遠的作品，那莫過於朱熹的《四書章句集注》，此書不僅僅是宋代以後士人科舉考試所必讀的經典，同時也受到思想家或文人最多的關注，此書的重要性與影響性自然不在話下，同時如果從筆者前面所言的狀況來看，此書不僅是一部匯集眾多前人的思想作品，同時也可以從中見到作者朱熹個人的思想，然值得注意的是，此書的出現與完成相較於一般的作品來說，似乎有些不同，因為此書的形成可以從朱熹的眾多《四書》相關作品中尋找到脈絡，在這種情形下，朱熹的《四書》相關作品便成了我們理解《四書章句集注》完成過程的最重要的媒介了。

　　如果就文獻學的角度來說，整理文獻的目的應不純然只是為了文獻的本身，而是希望透過對文獻的整理，還原學術、思想的本來面貌。當初朱熹在

整理這些文獻時，也是希望在文獻裏找到古人的思想本源、建立完整的學術
體系。若用這樣的邏輯來審視朱熹，我們發現朱熹的思想必然體現在其所編
纂、所注解的書中。當我們看朱熹對於《四書》的用力，連去世前都不停止
對《大學》一書的改動，想必然《四書》在朱熹的思想中佔著極重要的地位，
而且看到朱熹眾多解讀《四書》的作品，前後不同，筆者因而興起探討朱熹
的《四書》與其思想的關係，不僅是要了解二者的相互影響，同時也想藉由
這樣的探討，了解朱熹思想的轉變。而關於《四書章句集註》的成書，歷來
有許多學者加以研究探討，這些研究多圍繞著《四書章句集註》的成書時代、
書本的形制、版本的源流上打轉，較為深入者，亦只對其所援引的說解加以
考證，至於其成書的思想過程，多未加深入探究，換言之，本論文的另一個
主軸是要對《四書章句集注》完成之前的前解釋方法與思想歷程有更進一步
的論述，以釐清此書與朱熹的思想關聯性。

　　另外有關於《四書》一詞，最早是由朱熹所提出，然而朱熹生前所屢屢
稱道的《四書》與我們所見到的《四書章句集注》是指同一部書嗎？在朱熹
文集中或記載朱熹言論的《朱子語類》中，對於《四書》一詞，所指涉的似
乎並不是《四書章句集注》，而這樣的懷疑如果成立，那麼對於《四書章句集
注》會產生一種不同於以往的觀點，因為這涉及了《四書章句集注》刊印與
編排次第的問題，換句話說，如果朱熹生前所言的《四書》並不等於《四書
章句集注》，那麼《四書章句集注》的刊印時間是否會在朱熹生前呢？而沿著
同一個問題下來，如果朱熹生前未將《四書章句集注》合刻，那麼他口中的
《四書》次第，是否便是指《四書章句集注》的編排次第呢？這一連串的疑
問是本論文另一個關注點。

第二節　相關研究分析

　　有關朱熹的研究，一般來說多以哲學思想為主，另外一方面，因為朱熹
的著作非常多，其思想實在是非常宏大，所以能全面地對朱熹的各種學術成
就加以研究的學者，實在寥寥可數。以本論文而言，相關的研究必須涉及文
獻的探討與考證。若單純以這個標準來說，大陸的陳來先生與束景南先生二
人的部分相關著作是可以列入參考的。然而除了文獻的考證之外，本論文同
時亦牽涉部分思想的論述，且思想的論述也必須與文獻之探索相結合，所以

若以這樣的標準來看，則錢穆先生的《朱子新學案》、劉述先先生的《朱子哲學思想的發展與完成》以及陳榮捷之《朱學論集》與《朱子新探索》都算是很深入的作品。不過論文的撰寫必須「詳人所略而略人所詳」，同時也要對與論文相關的著作進行了解，因此筆者針對上述提出的相關著作，作一簡單的介紹與分析，藉此了解這些著作的優點，並且也能清楚地知道有哪些議題尚可補充或更深入加以研究。

（一）錢穆《朱子新學案》

國學大師錢穆先生對於朱子學的研究廣度可以說是前無古人、後無來者，其《朱子新學案》一書所涵蓋的範圍包括朱子的理學範疇：如理氣、陰陽、性、命、體用、天理人欲、仁、人心道心、心與性情、涵養與察識等；又有朱子的經學成就：如易學、詩學、書學、春秋學、禮學、四書學等；另外還有朱子的史學、校勘學、辨偽學、文學、考據學等。而在這些相關的議題中，與本論文相關性較高的是朱子的四書學以及部分理學範疇的論述。其所論及之朱子四書學多以文獻資料為討論對象，進一步以史料推論的方式來進行外圍的研究，且所言及之理學範疇未能完全與《四書》之文獻結合。

（二）劉述先《朱子哲學思想的發展與完成》

此書之研究以朱熹的哲學思想的發展為主，其中分成三個部分，第一部分涉及朱熹早年所受的教育、參悟中和之說的過程、朱熹〈仁說〉的形成。第二部分則討論了朱熹哲學思想中心性情的架構，並且就抽象之形而上學來說明朱熹理氣二元之思想。第三部分則討論了朱熹在中國思想史中的道統地位問題，還原朱熹思想於當時的歷史環境中，並且闡釋了朱學與王學的特色。該書與本論文相關性較高者在於第一部分中的「參悟中和過程」與「〈仁說〉的形成」，不過其重點乃放在深入朱熹哲學性思考途徑，並未涉及二者與《四書章句集注》成書過程的關聯性。

（三）陳榮捷《朱學論集》與《朱子新探索》

陳榮捷的《朱學論集》與《朱子新探索》收集了他對朱熹的研究論文各數十篇。《朱學論集》中所收者偏向於學術性較強的文章；《朱子新探索》則從不同的角度來研究朱熹。二書與本論文相關性較高者以《朱學論集》中的〈朱熹集新儒學之大成〉與〈論朱子之仁說〉二文。〈朱熹集新儒學之大成〉論述了《四書章句集注》的重要性與哲學性，而〈論朱子之仁說〉則描寫了

朱熹作〈仁說〉一文的過程與哲學思考，然仍未將〈仁說〉與《四書章句集注》作連結論述。同時書中亦無涉及《四書章句集注》成書之相關論述。

（四）陳來《朱子書信編年考證》

朱熹文集中，與人的書信往來，多數是不著年月，僅有少數標注所書之年，因此若從朱熹的書札中觀來，無從得知朱熹思想轉變，因此陳來先生將朱熹的書信詩文以編年的方式作了全面性的整理與考證，所收範圍包含朱熹之文集、續集、別集，其書信編年按照所在文集中的次序排列，不另作月日序次，起於朱熹二十二歲，南宋高宗紹興二十一年（西元 1151 年），迄於朱熹七十一歲，南宋寧宗慶元六年（西元 1200 年），共歷 50 年。此書對於本論文在考訂朱熹《四書》相關作品的年代有著很大的幫助。

（五）束景南《朱熹佚文輯考》

此書的最後部份有一篇文章是專門討論《四書章句集注》的成書過程，該文為〈朱熹前《四書集註》考〉，文章中非常詳細地將《四書章句集注》之前有關的《四書》作品的成書年代作了描述與考證，然而其中有許多的推論太過理所當然，所持的證據時有不足，不過文章中亦僅圍繞著文獻資料，對於朱熹《四書章句集注》成書的思想歷程並無論述。然而此文可作為《四書章句集注》成書過程與朱熹相關《四書》作品論述的極重要參考資料。

（六）顧歆藝博士論文《《四書章句集注》研究》

顧歆藝先生此書的論述主要是從朱熹《四書章句集注》歷史意義上下手，論文中的第二章敘述了朱熹《四書章句集注》產生的思想文化背景，從唐代中期儒學復興談起，進而論述宋代的文化思潮對《四書章句集注》的影響。第三章則對於朱熹思想背景與學術傳承進行談論。而第四章的重點是著重在《四書》各書的歷史地位的討論，並說明《四書》匯合並行的過程。至於第五章，則是以文獻學的視角來論述《四書章句集注》的成書過程與《四書》的次第問題。而第六章論述的要點是放在朱熹對《大學》、《中庸》作者的推測上，以及深入討論朱熹的道統觀。第七章討論了朱熹對《大學》、《中庸》的分章問題。第八章則是對朱熹《四書章句集注》的引用與注釋的體例進行討論，並與漢唐舊注比較，歸納出《四書章句集注》的特色來。而第九章是將重心放在朱熹《四書章句集注》的理學思想上，歸結於天理、天命之性與氣質之性、仁義禮智、格物致知等四點特性。最後第十章則討論了《四書章

句集注》對後世的影響，一方面說明了在宋元與明清時期的地位問題，另一方面也說明其對宋代以後的科舉、教育的實質影響與改變。此篇論文將《四書章句集注》的源流、思想特性、成書經過與影響所及，完整地呈現出來，若從文獻學的角度來看，可以說是超越前人的鉅作，雖然此篇論文與筆者所要討論的重點有些許的重疊之處，但仍有不同，如筆者將焦點鎖定在朱熹完成《四書章句集注》的過程與思想歷程上，雖然顧先生在《四書章句集注》的成書過程上也有討論，但是筆者認為仍有更深的討論空間，而對於朱熹完成《四書章句集注》前後反映在其中的思想轉變，顧先生的論文則未涉及，另外對《四書章句集注》的成書經過，較之束景南先生之〈朱熹前《四書集註》考〉一文來說，似乎稍嫌簡略。

第三節　章節結構

　　本論文主要是針對朱熹《四書章句集注》的成書歷程來論述，包括《四書章句集注》完成之前的相關《四書》作品的形成年代與其內涵名義，藉此突顯朱熹完成《四書章句集注》前所作的文獻蒐集工夫以及文獻家的精神，此為第二章之重點。另外還針對朱熹完成《四書章句集注》一書的思考歷程作一簡單的說明，包括朱熹所完成的〈仁說〉、〈中和舊說〉、〈已發未發說〉、〈忠恕說〉、〈盡心說〉等文章與《四書章句集注》的思想關係。接著論述朱熹如何在《四書章句集注》的完成過程中，突破自我思想的侷限，從文義解釋性的注解方式轉化到注重修養工夫的注解方法，此則為第三章的主要描述。再則《四書》一詞的名義，在朱熹口中代表著什麼，是單純的《四書》，還是指他所作的《四書章句集注》，又《四書章句集注》是否曾在朱熹生前合刻，或者僅是各書單獨刊刻？另《四書》的次第問題，究竟所指為何？是閱讀的順序或是《四書》書籍本身的編排次序，以上是第四章所要論述的問題。

第二章 朱熹《四書》相關著作之名義與年代辨析

　　朱熹用了畢生的精力完成了許多的學術著作，其中《四書章句集註》可說是用力最深的一部，而他在正式對《四書》作注解之前，曾將當時有關注解《四書》的作品整理了一番，如現在我們仍可以看到的《論孟精義》、《中庸輯略》等，便是集合了當時朱熹所見前儒留下來之《四書》解說著作，這些著作經過朱熹的收集與整理後，再加以消化、篩選，於是才有了後來的《四書章句集註》。而究竟朱熹在注解《四書》的過程與方法是如何？所產生的相關著作有哪些？這兩方面的問題正是本章所要探討的重點，至於其所生成的意義，筆者將另闢章節詳加討論。唯有先透過解析這兩方面問題才能將朱熹注解《四書》的特性呈現出來，也才可以知道《四書章句集註》流傳後世，影響深遠的眞正原因。

第一節　《論孟精義》完成以前之相關著作

　　朱熹所注解的《四書》對整個中國產生深遠的影響，其影響的程度並不亞於《四書》正文本身，如此偉大的作品，很多人使用，可是對其產生的過程所投注的關心實在太少，以致於有許多朱熹的著作亡佚了。如果以現存所見，朱熹整理、編集及撰著有關《四書》的作品，其實是寥寥可數的，其中包括了《論孟精義》、《四書或問》、《中庸輯略》、《孟子要略》。〔註1〕可是實

〔註1〕　主要根據《朱子全書》所收有關《四書》的作品而言。其中《孟子要略》為束景南先生仿〔清〕劉荼雲從〔宋〕金履祥之《孟子集註考證》中輯錄而出，

際上並非只有這些，根據束景南先生的統計，與《四書》有關的作品而已經亡佚的有《新定大學》、《新定中庸》、《大學集解》、《論語集解》、《論語訓蒙口義》、《孟子集解》、《中庸詳說》、《中庸集解記辨》、《四書音訓》、《四書集義》，〔註2〕不過這應該還不是全部，例如朱熹有關《四書》的著作還有《大學詳說》〔註3〕、《論語要義》〔註4〕、《大學解》〔註5〕、《論語集義》〔註6〕、《孟子解》〔註7〕、《論孟說》〔註8〕、《大學集傳》〔註9〕等等。總之這些種種是朱熹在完成《四書章句集註》之前後過程中不斷修訂改動的作品，與《四書章句集註》是息息相關的。這些作品有各自不同的名稱，有些是同書異名，有些是前後接續而改訂的不同書名，歷來研究朱子學的人多關注於朱熹的理學思想，極少有人對這些作品文獻作一完整的辨析，這種辨析的意義主要是建立在朱熹完成《四書章句集註》的歷程，透過了解整個歷程，可以知道朱熹如何轉換、消化所見，進而見其修改並完成《四書章句集註》，以釐清朱熹

並非朱熹原書。見〔宋〕朱熹著；朱傑人、嚴佐之、劉永翔 主編：《朱子全書》第 26 冊（上海：上海古籍出版社，合肥：安徽教育出版社 聯合出版，2002 年 12 月），頁 61。

〔註2〕 見束景南著：《朱熹年譜長編》（上海：華東師範大學出版社，2001 年 9 月），頁 1445～1447。

〔註3〕 〈答呂伯恭〉：「《中庸章句》一本上納，此是草本，幸勿示人。更有《詳說》一書，字多未暇，餘俟後便寄去，有未安者，一一條示爲幸，《大學章句》并往，亦有《詳說》，後便寄也。」見〔宋〕朱熹著：《晦庵先生朱文公文集》卷 33，收入《朱子全書》第 21 冊（上海：上海古籍出版社，合肥：安徽教育出版社 聯合出版，2002 年 12 月），頁 1454。

〔註4〕 〈論語要義目錄序〉：「隆興改元，屏居無事，與同志一、二人從事於此，慨然發憤，盡刪說及其門人朋友數家之說，補緝訂正，以爲一書，目之曰《論語要義》。」見〔宋〕朱熹著：《晦庵先生朱文公文集》卷 75，收入《朱子全書》第 24 冊，頁 3614。

〔註5〕 〈答李子能〉：「……近修定《大學解》，亦說得此次第分明。」見〔宋〕朱熹著：《晦庵先生朱文公文集》卷 58，收入《朱子全書》第 23 冊，頁 2757。

〔註6〕 〈答潘謙之〉：「看《論語》只看《集註》，涵泳自有味。《集義》、《或問》不必句句理會，卻看一經一史，推廣此意尤佳。」見〔宋〕朱熹著：《晦庵先生朱文公文集》卷 55，收入《朱子全書》第 23 冊，頁 2590。

〔註7〕 〈答蔡季通〉：「《孟子解》看得兩篇，改易數處頗有功。」見〔宋〕朱熹著：《晦庵先生朱文公續集》卷 2，收入《朱子全書》第 25 冊，頁 4675。

〔註8〕 〈劉德脩〉：「某所爲《大學》、《論孟說》，近有爲刻板南康者，後頗復有所刊正。」見〔宋〕朱熹著：《晦庵先生朱文公別集》卷 1，收入《朱子全書》第 25 冊，頁 4846。

〔註9〕 〈林師魯〉：「《大學集傳》雖原於先賢之舊，然去取之間決於私臆。」見〔宋〕朱熹著：《晦庵先生朱文公別集》卷 5，收入《朱子全書》第 25 冊，頁 4935。

思想的實質內涵。

　　對於朱熹有關《四書》的作品，根據王懋竑（1667～1741 年）的《朱子年譜》（以下簡稱王譜）〔註10〕記載：朱熹最早完成的《四書》相關作品是《論語要義》與《論語訓蒙口義》，時值南宋孝宗隆興元年，朱熹三十四歲。王懋竑所根據的是〈論語要義目錄序〉與〈論語訓蒙口義序〉，〔註11〕其中〈論語要義目錄序〉中提到：「隆興改元」足見其完成《論語要義》的年代，可是此書的內容究竟為何，看序中所言：

> 熹年十三四時，受其說於先君，未通大義而先君棄諸孤。中間歷訪師友，以為未足，於是徧求古今諸儒之說，合而編之。誦習既久，益以迷眩，晚親有道，竊有所聞，然後知其穿鑿支離者固無足取，至於其餘，或引據精密，或解析通明，非無一辭一句之可觀。顧其於聖人之微意，則非程氏之儔矣。隆興改元，屏居無事，與同志一、二人從事於此，慨然發憤，盡刪餘說及其門人朋友數家之說，補緝訂正，以為一書，目之曰《論語要義》。

朱熹在編成此書之前就曾編了一部集「古今諸儒之說」的《論語》解說著作，不過朱熹並不滿意，主要是因為諸多的解說令他感到「迷眩」，無法真正獲得「聖人之微意」，因此朱熹從中刪除不符合聖人之意的說法，另編了這一部「《論語要義》」，至於原先所集「古今諸儒之說」的著作，根據朱熹之〈答許順之〉一文中這樣說道：

> 熹《論語說》方了第十三篇，小小疑悟時有之，但終未見道體親切處。〔註12〕

陳來先生考證此文在南宋高宗紹興二十九年，時朱熹三十歲，〔註13〕因此可以知道朱熹在《論語要義》之前就曾「徧求古今諸儒之說」而編了《論語說》〔註14〕一書。

〔註10〕見〔清〕王懋竑著：《朱子年譜》，收入吳長庚編：《朱陸學術考辨五種》（江西：江西高校出版社，2000 年 10 月），頁 629。

〔註11〕此二文見〔宋〕朱熹著：《晦庵先生朱文公文集》卷75，收入《朱子全書》第24 冊，頁 3613～3615。

〔註12〕見〔宋〕朱熹著：《晦庵先生朱文公文集》卷39，收入《朱子全書》第 22 冊，頁 1735

〔註13〕見陳來著：《朱子書信編年考證》（上海：上海人民出版社，1989 年 4 月），頁 16。（以下書信之年代皆依此書而定。）

〔註14〕《論語說》一書，束景南先生說：「可名為《論語集解》，蓋其時朱熹凡所作

　　話說回來，據王懋竑考證，〈論語要義目錄序〉中，在「盡刪餘說」後少了「獨取二先生」五字，換言之，若以王懋竑之說，《論語要義》實包含二程子與其門人朋友之說，不過這種說法頗令人起疑竇，〈論語要義目錄序〉說：

> 蓋以為學者之讀是書，其文義名物之詳，當求之注疏，有不可略者，若其要義，則於此其庶幾焉。學者第熟讀而深思之，優游涵泳，久而不捨，必將有以自得於此。本既立矣，諸家之說有不可廢者，徐取而觀之，則其支離詭譎、亂經害性之說，與夫近世出入離遁、似是而非之辨，皆不能為吾病。

蓋朱熹之意為熟讀此書可「立本」，此本為「程氏之傳」，亦當是「聖人之微意」，而在此書之外再取「諸家之說有不可廢者」來讀，才不至於被誤導，而「諸家之說有不可廢者」或許是朱熹所刪的「餘說及其門人朋友數家之說」，而且程氏門人中亦有近似而實非的說法，若以似是而非之說為本，則如何能夠辨其「支離詭譎、亂經害性之說」。另外朱熹於南宋孝宗乾道八年四十三歲時編有《論孟精義》，其序云：

> 《論》、《孟》之書，學者所以求道之至要，古今為之說者，蓋已百有餘家，……宋興百年，河洛之間有二程先生者出，然後斯道之傳有繼。其於孔子、孟氏之心，蓋異世而同符也。故其所以發明二書之說，言雖近而索之無窮，指雖遠而操之有要，使夫讀者非徒可以得其言，而又可以得其意；非徒可以得其意，而又可以并其所以進於此者而得之。其所以興起斯文，開悟後學，可謂至矣。間嘗蒐輯條流，以附本章之次，既又取夫學之有同於先生者，若橫渠張公、范氏、二呂氏、謝氏、游氏、楊氏、侯氏、尹氏，凡九家之說以附益之，名曰《論孟精義》，以備觀省。……乾道壬辰月正元日新安朱熹謹書。〔註15〕

乾道壬辰即乾道八年。按《論孟精義》收有二程先生之外九家之說，而此九家亦皆二程先生之朋友及門人，若依照王譜之說，〈論語要義目錄序〉中少了「獨取二先生」五字的話，則《論孟精義》中的《論語精義》與《論語要義》

集眾家說之書多名之曰「集解」，如《詩集解》、《大學集解》、《孟子集解》等。」見束景南著：《朱熹年譜長編》，頁248，此說可備參考，不過也不盡然，亦有稱「集傳」者，如《大學集傳》，故仍稱《論語說》。

〔註15〕見〔宋〕朱熹著：《晦庵先生朱文公文集》卷75，收入《朱子全書》第24冊，頁3630。

內容略同，實無須再度重複或強調。觀錢穆先生之《朱子新學案》亦引王譜之說，他認爲此二書雖然所收的內容相同，但卻有「意態不同處」，〔註16〕其言：

> 又按朱子三十四歲爲《論語要義》，四十三歲爲《論孟精義》，讀兩書之序文，先云「獨取二程及其門人朋友數家之說」，後乃云「又取夫學者之有同於先生與有得於先生者凡九家」。又曰：「若張公之於先生，猶伯夷、伊尹之於孔子。」是則其先乃獨尊二程，而二程之朋友則序次於其門人之下。後乃以橫渠與二程平列，又序范祖禹、呂希哲、呂大臨於謝良佐、游酢、楊時、侯仲良、尹焞諸人之前。又謂其門人之言，「非敢以爲無少異於先生」。此其進退之間，顯有不同。則《精義》與《要義》兩書，先則一意尊程，後乃有貶抑程門之意。〔註17〕

文中所論雖有其理路上的道理，然而針對《論語精義》與《論語要義》之實際內容有何不同，錢穆仍只依王譜之說，並無作任何其他特別說明。再則王譜補「獨取二先生」五字，亦不知何所依據，且若從〈論孟精義・序〉中「既又取夫學之有同於先生者，……，凡九家之說以附益之」一語的語意來說，應是《論語要義》本無「九家之說」，而後才「既又取」九家之說「附益」而成《論孟精義》，故《論語要義》一書之內容當不包含「其門人朋友數家之說」。

另外《論孟精義》之前，朱熹除了《論語要義》外，亦編有《孟子》方面的作品，按照朱熹文集所載，朱熹曾編集一部《孟子集解》，見於〈答程允夫〉一文中：

> 《孟子集解》雖已具藁，然尚多所疑，無人商榷。〔註18〕

依據陳來先生《朱子書信編年考證》的說法，此書信爲南宋高宗紹興三十一年時或稍晚朱熹寫給程允夫的，當時朱熹三十一歲，〔註19〕由此可知《孟子集解》之編成在《論語要義》之前或同時，爲《王譜》所失載。

根據以上所述，朱熹四十三歲編成《論孟精義》之前已經先有《論語要

〔註16〕見錢穆著：〈朱子新學案・朱子之四書學〉，收入《錢賓四先生全集》（臺北：聯經出版社，1994 年），頁 206。

〔註17〕見錢穆著：〈朱子新學案・朱子之四書學〉，收入《錢賓四先生全集》，頁 210。

〔註18〕見〔宋〕朱熹著：《晦庵先生朱文公文集》卷 41，收入《朱子全書》第 22 冊，頁 1859。

〔註19〕見陳來著：《朱子書信編年考證》，頁 19。

義》之書，而朱熹三十四歲完成《論語要義》之前，也起碼已編成了《論語說》與《孟子集解》二書，其中《論語說》可以說是《論語要義》的前身，而在經過刪削、輯訂後，才正式以《論語要義》之名行於世。至於《論語要義》完成後到正式刊板，據朱熹的說法，起碼要到南宋孝宗乾道九年以後，此見於〈答何叔京〉一文中：

> 伯崇云《論語要義》武陽學中已寫本，次第下手刊板矣。若成此書，甚便學者觀覽。〔註20〕

此書根據陳來先生的考證，為乾道二年，〔註21〕但是若從信中其他的言論來看，得見此信應當在乾道九年以後，原因是朱熹在〈答呂伯恭〉一信中提到：

> 欲作《淵源錄》一書，盡載周、程以來諸君子行實文字，正苦未有此及永嘉諸人事跡首末。〔註22〕

加上信中亦提及「元履春間不幸不起疾，甚可傷」，〔註23〕此年正為乾道九年，朱熹此年方興編纂《淵源錄》一書之意，而在〈答何叔京〉中有「《淵源錄》亦欲早得」一語，可知前面提及之〈答何叔京〉一信當在乾道九年之後，不是在乾道二年。

至於《孟子集解》一書，朱熹在三十一歲時雖已編成，但即使在朱熹的《論孟精義》完成之後，他仍花了不少力氣在《孟子集解》的討論與修訂上，顧歆藝先生在〈《四書章句集注》成書考略〉一文中提到：「乾道二三年間，主要參與《孟子集解》討論的有何叔京、范伯崇、張敬夫、許順之、陳齊仲、徐元聘。其中與何叔京的討論獲益最多，《文集》卷 40 的一系列〈答何叔京〉書，展現了他們相與論辯的情況。」〔註24〕此外束景南先生也說：「是次修訂《孟子集解》到乾道三年上半年，參加修訂者有何鎬、張栻、范念德、石敦、

〔註20〕見〔宋〕朱熹著：《晦庵先生朱文公文集》卷 40，收入《朱子全書》第 22 冊，頁 1803。

〔註21〕此書《王譜》云：「《文集》〈答何叔京書〉云：『《孟子集解》當悉已過目，……』丙戌。」丙戌年即乾道二年。

〔註22〕見〔宋〕朱熹著：《晦庵先生朱文公文集》卷 33，收入《朱子全書》第 21 冊，頁 1438。

〔註23〕〈國錄魏公墓誌銘〉：「卒之日，實九年閏月壬戌，其年五十有八矣。」見〔宋〕朱熹著：《晦庵先生朱文公文集》卷 91，收入《朱子全書》第 24 冊，頁 4200。

〔註24〕見顧歆藝撰：〈《四書章句集注》成書考略〉，收入北京大學中國傳統文化研究中心編，《北京大學百年國學文萃‧語言文獻卷》，（北京：北京大學出版社，1998 年 5 月第 1 版），頁 713～714。

許升、歐陽雲叔、陳齊仲、徐元聘等。」〔註25〕同樣的，我們根據前面所談到記載《論語要義》刊板時間的同一封〈答何叔京〉信中看到：「《孟子集解》當悉已過目，有差繆處切望痛加刊削，警此昏憒，幸甚幸甚。」一段，可知朱熹在乾道九年左右仍然在修改《孟子集解》。

至於《孟子集解》的內容，朱熹在另一封〈答何叔京〉中曾提及：

> 《孟子集解》重蒙頒示，以〈遺說〉一編見教，伏讀喜甚，開豁良
> 多。然方冗擾，未暇精思，姑具所疑之一二以求發藥。俟旦夕稍定，
> 當擇其尤精者著之解中，而復條其未安者盡以請益。欽夫、伯崇前
> 此往還諸說，皆欲用此例附之。昔人有《古今集驗方》者，此書亦
> 可爲「古今集解」矣，既以自備遺忘，又以傳諸同志、友朋之益，
> 其利廣矣。〔註26〕

由此可見，《孟子集解》爲朱熹集《孟子》古今諸解而成，與朱熹編《論語說》之用意是相同的。

至於《大學》一書，朱熹在〈答林師魯〉信中言：

> 《大學集傳》雖原於先賢之舊，然去取之間，決於私臆，比復思省，
> 未當理者尚多，暇日觀之，必有以見其淺陋之失。〔註27〕

又〈答林井伯〉一書中言：

> 伊川先生多令學者先看《大學》，此誠學者入德門戶，某向有《集解》
> 兩冊，納呈福公，其間多是集諸先生說，不若且看此書，其間亦有
> 少未安處，後來多改動，旦夕別寫得，當寄去換舊本也。〔註28〕

從兩書信的內容綜合來看，《大學集傳》和《大學集解》，都是朱熹集先賢之說而編成的，兩書性質相當，與《論語說》與《孟子集解》這類集古今解說性質之書相類似。故《大學集傳》有可能又名《大學集解》。而據陳來先生之說，〈答林師魯〉一文成於乾道三年，〔註29〕因此可據以推斷《大學集傳》一書當成於乾道三年。

〔註25〕見束景南著：《朱熹年譜長編》，頁360。

〔註26〕見〔宋〕朱熹著：《晦庵先生朱文公文集》卷40，收入《朱子全書》第22冊，頁1805。

〔註27〕見〔宋〕朱熹著：《晦庵先生朱文公續集》卷5，收入《朱子全書》第25冊，頁4935。

〔註28〕見〔宋〕朱熹著：《晦庵先生朱文公別集》卷4，收入《朱子全書》第25冊，頁4911。

〔註29〕見陳來著：《朱子書信編年考證》，頁45。

根據以上所描述，朱熹約在三十歲（紹興二十九年）時編成了《論語說》，約三十一歲（紹興三十一年）時編成了《孟子集解》，三十四歲（隆興元年）時將《論語說》刪改成《論語要義》，到了三十八歲（乾道三年）則將《大學集解》編纂完成，換句話說，他在四十三歲以前已經將有關《論語》、《孟子》、《大學》三書的相關古今解說作品收集完整，爲後來的詮釋及解說作了基礎的準備了。

第二節　《四書章句集注》完成前的相關著作

在《四書章句集注》完成之前，朱熹匯集《四書》眾家說解的作品，現今僅存成於乾道八年的《論孟精義》一書。此書保存了北宋時期有關《論語》與《孟子》的解說作品，其中包括張載、二程子、以及范祖禹、呂希哲、呂大臨、謝良佐、游酢、楊時、侯仲良、尹焞等人。歷代書志的記載有：《直齋書錄解題》記載《語孟集義》三十四卷。〔註30〕《文獻通考》記載《論語集義》三十四卷。〔註31〕《宋志》的記載則分別有《論語精義》十卷、《論語集義》十卷及《孟子集義》十四卷。〔註32〕《四庫全書總目》記載爲《論孟精義》三十四卷。〔註33〕

就名稱來說，《直齋書錄解題》與《四庫全書總目》雖有所不同，不過就現今所見朱熹文集所記載的〈語孟集義序〉與《論孟精義》此書本身來看，二者爲同書而異名的記載。各本年譜與相關的文獻皆言《精義》後改爲《集義》，這樣的說法，錢穆先生以爲在朱熹的文集中並未得到證實，《集義》一名爲《朱子語類》中的用法，此在《朱子語類》中多處可見，〔註34〕不過我們在朱熹〈答潘謙之〉中看到：

〔註30〕見〔宋〕陳振孫著：《直齋書錄解題》（臺北：臺灣商務印書館，1978年5月臺1版），頁72～73。

〔註31〕見〔元〕馬端臨著：《文獻通考》（杭州：浙江古籍出版社，2000年1月2版1刷），頁1581。

〔註32〕見〔元〕脫脫等著：〈宋史・藝文志〉（臺北：臺灣商務印書館，1988年1月臺六版），卷155，頁2366及卷58，頁2398。

〔註33〕見〔清〕紀昀等著：《四庫全書總目》卷35（臺北：藝文印書館，2005年10月初版8刷），頁728。

〔註34〕「《精義》成書後，初名《要義》，後又改名《集義》。《文集》無證，證在《語類》」見錢穆著：〈朱子新學案・朱子之四書學〉，收入《錢賓四先生全集》，頁217。

看《論語》只看《集注》，涵泳自有味。《集義》、《或問》不必句句
理會。〔註35〕

此信據陳來先生的說法，是在淳熙十年，〔註36〕如若此說正確，則《論孟精
義》改爲《論孟集義》一事可以得到證實，且時間在淳熙十年以前。不過雖
然《精義》已改爲《集義》，但是爾後朱熹提及此書時，仍有稱《精義》者，
如〈答王近思〉一書中：

（吾道一以貫之）此說未是，更檢《精義》中二程先生及謝、侯二
說熟看。楊、尹說正是錯會明道意。〔註37〕

據陳來先生之說，此信在紹熙二年，〔註38〕所以該書雖已改名，但朱熹仍然
將之稱爲《論孟精義》。而如果從《宋志》中分別有《論語精義》和《論語集
義》來看，在宋代二書之異名的確已通行。另外朱熹曾將《論孟精義》一書
更名爲《論孟要義》，此見於〈書語孟要義序後〉：

熹頃年編次此書，鋟版建陽，學者傳之久矣。後細考之，程、張諸
先生說尚或時有所遺脫。既加補塞，又得毗陵周氏說四篇有半於建
陽陳焞明仲，復以附于本章。豫章郡文學南康黃某商伯見而悅之，
既以刻于其學，又慮夫讀者疑於詳略之不同也，屬熹書于前序之左，
且更定其故號「精義」者曰「要義」云。淳熙庚子冬十有一月己丑
朔旦江東道院拙齋記。〔註39〕

此次更名，是因爲朱熹增修《論孟精義》中原有的說法，並加上毗陵周氏之
說，黃商伯深怕讀者混淆，是故請朱熹作序，並將《精義》之名更改成《要
義》。不過現今所見的《論孟精義》看不到周氏之說，而且「《論孟要義》」一
名不見《朱子語類》，各本書志的記載亦不稱此名，或許只有黃商伯所刊印者
包括周氏之說並稱此名，以與原來的《論孟精義》作區別。然而淳熙庚子年
（七年）是寫序的時間，增修《論孟精義》並更名當早已完成，加上黃商伯

〔註35〕見〔宋〕朱熹著：《晦庵先生朱文公文集》卷，收入《朱子全書》第23冊，
　　　　頁2590。

〔註36〕「按《語類》之〈語錄姓氏〉云：潘柄（謙之）癸卯後所聞，則謙之癸卯始
　　　　從學，與其書當在癸卯後。」見陳來著：《朱子書信編年考證》，頁213。

〔註37〕見〔宋〕朱熹著：《晦庵先生朱文公文集》卷39，收入《朱子全書》第22冊，
　　　　頁1764。

〔註38〕見陳來著：《朱子書信編年考證》，頁323。

〔註39〕見〔宋〕朱熹著：《晦庵先生朱文公文集》卷81，收入《朱子全書》第24冊，
　　　　頁3849。

已經先刻書之後才請朱熹寫序的，所以改《論孟精義》爲《論孟要義》應早於淳熙七年。總而言之，《論孟精義》一書成書於乾道八年，而淳熙七年之前已改爲《論孟要義》，後又在淳熙十年左右改爲《論孟集義》。

其次就卷數來說，《論孟精義》現存版本可分爲兩類，一是三十四卷的抄本系列，一是二十四卷的刻本系列，〔註 40〕據此《宋志》所載爲二十四卷本系列，而《文獻通考》記載《論語集義》三十四卷，此爲明顯之記載錯誤，三十四卷爲《論語精義》與《孟子精義》兩部分的總合之數，非單獨《論語精義》（或《論語集義》）一書的卷數。

在完成《論孟精義》的編纂之後，朱熹又針對孩童的教學需要，另編了一部《論語訓蒙口義》。按照朱熹文集〈論語訓蒙口義・序〉中所言：

> 予既序次《論語要義》，以備覽觀，暇日又爲兒輩讀之。大抵諸老先生之爲說，本非爲童子設也，故其訓詁略而義理詳，初學者讀之，經之文句未能自通，又當徧誦諸說，問其指意，茫然迷眩，殆非啓蒙之要，因爲刪錄以成此編，本之注疏以通其訓詁，參之《釋文》以正其音讀，然後會之於諸老先生之說，以發其精微。……然本其所以作，取便於童子之習而已，故名之曰《訓蒙口義》，蓋將藏之家塾，俾兒輩學焉，非敢爲他人發也。〔註 41〕

《王譜》以及往後論「朱子學」者，皆據此以爲朱熹在隆興元年編成《論語要義》之後不久，隨即又完成此書的編纂，然而據筆者上一節討論《論語要義》時的說法，倘《論語要義》不包括二程之門人及朋友，則何來此序中「諸老先生之爲說」，諸老先生的解說是在編《論孟精義》時才「附益」上去的。另外有一部藏於臺灣故宮博物院的《晦庵先生文集》，集中「予既序次《論語要義》」處作「予既序次《論語精義》」，又「故名之曰《訓蒙口義》」處作「故名之曰《集注詳說》」。〔註 42〕按《集注詳說》一書成於《論孟精義》之後無

〔註40〕 「據《直齋書錄解題》，宋時已有三十四卷的版本。現存版本按卷數可分爲兩類：一是三十四卷的鈔本系列，一是二十四卷的刻本系列。兩類書其實相同，分卷的差別僅在一類將《論語精義》分爲二十卷，另一類分爲十卷，每卷再分上下卷，都以《論語》二十章的編次爲據。」見黃珅、張祝平校點：〈論孟精義・校點說明〉，收入《朱子全書》第 07 冊，頁 2。

〔註41〕 見〔宋〕朱熹著：《晦庵先生朱文公文集》卷 75，收入《朱子全書》第 24 冊，頁 3614～3615。

〔註42〕 見〔宋〕朱熹著：《景印宋刊本晦庵先生文集》〈論語訓蒙序〉（臺北：國立故宮博物院，1982 年），卷 1 葉 2～3。

疑，此見於劉爚《雲莊集》之〈論語詳說後序〉一文中：

> 《論語》一書，子朱子之所用力而終其身者也，其始有《要義》焉，
> 其次有《集義》焉，又其次則有《詳說》，而以《集註》終焉。〔註43〕

而究竟《論語訓蒙口義》是完成於《論語要義》之後或者《論孟精義》之後呢？或者看似誤植了《集註詳說》於《訓蒙口義》之序中，此兩個問題，根據筆者上述所言《論語要義》的內容，以及從另外一部文集不同記載來看，筆者推論朱熹在完成《論孟精義》之後，不久便有《論語集註詳說》與《論語訓蒙口義》二書的出現，二書的成書年代相近，以致造成混淆。此或可從王懋竑之《朱子年譜考異》所引的洪嘉植《朱子年譜》中可見混淆之跡，其言：

> 洪本云：「又作《訓蒙口義》，即《詳說》也。」〔註44〕

洪本所言與宋代王應麟（西元 1223～1296 年）的《玉海》所記載的相同，其〈淳熙論語孟子集註或問〉條下曰：

> 朱文公熹撰，淳熙四年六月癸巳成。初編次《集義》，輯二程之說，
> 又取張、范、二呂希哲、大臨、謝、游、楊、侯仲良、尹氏九家初名《要
> 義》，改名《精義》，最後名曰《集義》三十四卷。又本注疏、參釋文、會諸
> 老先生之說，間附所聞於師友，得於心思者爲《詳說》舊名《訓蒙口
> 義》，既而約其精粹爲《集註》十卷，又疏其所以去取之意爲《或問》
> 十卷……。〔註45〕

上面這段話現在看來似乎有拼湊的痕跡，首先我們看此條的名稱爲〈淳熙論語孟子集註或問〉，所言者應含《論語》與《孟子》二書，但是看實際內容所說的「既而約其精粹爲《集註》十卷」以及「又疏其所以去取之意爲《或問》十卷」兩段話，發現其所說的「十卷」似乎只指《論語集註》和《論語或問》而已，卻未言及《孟子集註》和《孟子或問》。加上文中前段講《集義》時的卷數「三十四卷」是包括《論語》和《孟子》的，而後段講到《詳說》以至於《集註》和《或問》時，則只涉及《論語》。因此從文章內容與條目名稱的不一致，以及前後內容所說亦缺乏統一性這兩點來看，王應麟的說法已經有

〔註43〕見〔宋〕劉爚著：《雲莊集》卷5，收入《景印文淵閣四庫全書》第1157冊（臺北：臺灣商務印書館，1983年），頁396～397。

〔註44〕見〔清〕王懋竑著：《朱子年譜考異》卷2，收入《朱陸學術考辨五種》，頁894。

〔註45〕見〔宋〕王應麟著：《玉海》卷41，收入《景印文淵閣四庫全書》第944冊，頁143。

值得商榷之處。如果我們再把時代往前推，看看王應麟之前的人怎麼說。在劉爚《雲莊集》中有一篇〈論語詳說後序〉，其言曰：

> 此書之視《集註》、《章句》詳略往往不同，而於先儒之說去取亦或小異，昔若何而詳，今若何而略；昔奚為而取，今奚為而去，斟酌權量之微，範鎔點化之妙，蓋不待從游於考亭雲谷之間。〔註46〕

劉爚是南宋高宗紹興到寧宗嘉定年間（西元 1144～1216 年）的人，不僅在時代上早於王應麟（西元 1223～1296 年），實際上他還直接受學於朱熹，對於朱熹著作的描述，應當較為正確，因此根據其所言，《論語詳說》一書記載重點是放在說明完成《論語集注》的過程，如何取捨以及取捨的原因等等，所以比較像是一部「筆記書」。而朱熹自己在〈論語訓蒙口義序〉中所明言，《論語訓蒙口義》一書主要是從童子或初學者的角度出發，以通訓詁和正音讀為其第一目的，然後才加上有助於理解意義的「諸老先生之說」，來會通與輔助，所以此書乃是一部近於「訓詁」之書。由此可知二書在性質上的確是不同的，既然性質不同，加上我們所引用的說法是來自朱熹本人以及直接受學於朱熹的學生口中，那麼王應麟與洪嘉植的說法則不攻自破，因而筆者認為可能造成混淆的原因，應當是成書年代相近的關係，換言之，如果《論語訓蒙口義》之成書是在隆興改元，距離《論孟精義》成書的乾道八年，其間已相差近十年，應不至於有混淆或名稱誤植的情況才對。而且《論孟精義》亦曾改名為《論孟要義》，雖然改名一事是在淳熙七年，但是我們所見通行本的朱熹文集乃成於朱熹之子朱在之手，時值慶元年間，朱熹已卒，距離改名之時又已二十年，《論語要義》與《論語精義》之名或許已經混淆不清了。另外在〔元〕金履祥《論孟集注考證》書中一篇〈序〉提到：

> 嘗讀《朱子年譜》，載先生當淳熙間，始編次《論孟集義》，復作《訓蒙口義》，嗣又約其精粹妙得本旨者為《集註》，而疏其所以去取之意為《或問》。〔註47〕

此處之《朱子年譜》即《王譜》所採用之洪嘉植之《朱子年譜》。據洪本《朱子年譜》所言：

〔註46〕見〔宋〕劉爚著：《雲莊集》卷5，收入《景印文淵閣四庫全書》第1157冊，頁397。

〔註47〕見〔元〕金履祥著：《論語集注考證》，收入《叢書集成初編》（北京：中華書局，1985年北京新1版），頁1。

《年譜》「先生既編次《論孟集義》，又作《訓蒙口義》，既而約其精
粹妙得本旨者爲《集注》，又疏其所以去取之意爲《或問》，然恐學
者轉而趨薄，故《或問》之書未嘗出以示人……。」洪本〔註48〕

其所言朱熹的編著次序，即先有《論孟集義》而後才有《訓蒙口義》，此說
與筆者所論相符。以上的論述，不管是從《論語訓蒙口義》所承襲的內容、
另一部朱熹文集的記載、《論語詳說》與《論語訓蒙口義》成書年代的混淆，
以及後代年譜的紀錄等各方面，都顯示著《論語訓蒙口義》一書極有可能是
在《論孟精義》一書完成之後，爲了教育孩童的需要才編纂出來的，時間點
大概是在乾道八年前後，非《王譜》或其他文獻所顯示的「隆興元年」時所
編。

乾道八年，朱熹除了完成《論孟精義》、《論語訓蒙口義》之外，《大學章
句》與《中庸章句》的初稿也完成於此時，在朱熹〈答蔡季通〉信中提到：

適已奉狀，尋《大學章句》詳本不見，不知在書府否？如在告帶來，
《參同契》并攜來看也。〔註49〕

又〈答張敬夫〉

所引《家語》，只是證明《中庸章句》，要見自「哀公問政」至「擇
善」「固執」處只是一時之語耳，於義理指歸初無所害，似不必如此
力加排斥也。〔註50〕

此二信根據陳來先生的考證，都是朱熹在乾道八年所寫。〔註51〕此外《大學
章句》與《中庸章句》二書，皆有《詳說》，朱熹在〈答呂伯恭〉一書中言：

《中庸章句》一本上納，此是草本，幸勿示人。更有《詳說》一書，字
多未暇，餘俟後便寄去。有未安者，一一條示爲幸。《大學章句》并
往，亦有《詳說》，後便寄也。〔註52〕

此信據陳來先生之說，爲淳熙元年，朱熹四十五歲，〔註53〕換言之，朱熹在
乾道八年完成《大學章句》與《中庸章句》後，經過兩年的修改，於是有《大

〔註48〕見〔清〕王懋竑著：《朱子年譜》卷2，收入《朱陸學術考辨五種》，頁673。
〔註49〕見〔宋〕朱熹著：《晦庵先生朱文公續集》卷2，收入《朱子全書》第25冊，
頁4699。
〔註50〕見〔宋〕朱熹著：《晦庵先生朱文公文集》，收入《朱子全書》第21冊，頁1342。
〔註51〕見陳來著：《朱子書信編年考證》，頁97及頁90。
〔註52〕見〔宋〕朱熹著：《晦庵先生朱文公文集》卷33，收入《朱子全書》第21冊，
頁1454。
〔註53〕見陳來著：《朱子書信編年考證》，頁117。

學詳說》與《中庸詳說》二書的產生，雖然二書的內容為何我們無法確知，但是從前已提及類似書名的《論語詳說》來看，或許可以推論《大學詳說》、《中庸詳說》二書的性質，大概也是記載朱熹對《大學章句》與《中庸章句》修改過程中詳略同異、去取原由的詳情。

回過頭來看《論語詳說》的成書年代，實際上沒有文獻顯示正確的時間點，從劉爚的〈論語詳說後序〉中只知道其介於《論語精義》跟《論語集注》之間，我們已經知道《論語精義》成於乾道八年，而根據《王譜》所載，《論語集注》成於淳熙四年，若是去掉首尾，其中歷經了四年的時間，這四年中朱熹曾提及《論語》一書的只有在〈答張敬夫〉一書中：

> 《中庸》、《大學章句》緣此略修一過，再錄上呈，然覺其間更有合刪處。《論語》亦如此草定一本，未暇脫藁。《孟子》則方欲為之，而日力未及也。〔註54〕

此書據陳來先生的說法，是朱熹在淳熙二年所寫的，〔註55〕如果無誤，加上文中所說的「《中庸》、《大學章句》緣此略修一過」，則淳熙元年朱熹修訂完《大學章句》和《中庸章句》後有《大學詳說》及《中庸詳說》二書出現一事，或為此語所指涉，而「《論語》亦如此草定一本」之語，則或即指《論語詳說》一書，而且朱熹沒有《孟子詳說》一書，正好也可說明文末所言「《孟子》則方欲為之，而日力未及也」之語。換句話說，這封〈答張敬夫〉的信所提及有關《大學》、《中庸》、《論語》、《孟子》四書的話語，正與《大學詳說》、《中庸詳說》、《論語詳說》等書的出現，及朱熹無《孟子詳說》之書，在時間點上極其相符，因此《論語詳說》的成書在淳熙二年的可能性極大。

從這一節所敘述的來看，朱熹乾道八年完成《論孟精義》之後，接著為童蒙的學習，另編了一部以訓詁音讀為主的《論語訓蒙口義》。而《大學章句》與《中庸章句》二書也成於乾道八年左右，不過此時所成者僅是初稿，後來朱熹仍不斷加以修改與討論，這些修改到了淳熙元年時，朱熹將所改的過程記載在《大學詳說》與《中庸詳說》二書裡。到了淳熙二年又針對《論語》的修改作了一部《論語詳說》，性質上與《大學詳說》及《中庸詳說》類似。

〔註54〕見〔宋〕朱熹著：《晦庵先生朱文公文集》卷31，收入《朱子全書》第21冊，頁1349～1350。
〔註55〕見陳來著：《朱子書信編年考證》，頁130。

第三節　《四書章句集注》的完成

　　朱熹不斷地對《四書》的相關著作加以整理與增修，據束景南先生考定，朱熹兩次序定《大學章句》與《中庸章句》，他說：

> 朱熹於《大學章句》、《中庸章句》有兩次序定，淳熙十六年己酉所作〈大學章句序〉、〈中庸章句序〉乃由淳熙四年序定《大學章句》、《中庸章句》所作序修改而來。……爲《張南軒先生文集》卷二十四〈答朱元晦秘書〉書一：「〈章句序〉文理暢達，誦繹再四，恨未見新書體製耳。」該書言及張栻修靜江府學及懇朱熹作〈靜江府學記〉，以及因夫人喪請祠。朱熹寫成〈府學記〉在十一月，張喪偶請祠在八月，則朱作《大學》、《中庸章句》二序並寄張約在六月間。
> 〔註56〕

此處所言朱熹寫成〈靜江府學記〉即在淳熙四年十一月，而束景南先生的說法說明〈章句序〉成於淳熙四年無疑，但究竟是〈大學章句序〉亦或是〈中庸章句序〉則不知也，不過朱熹此段時間經常將《大學》與《中庸》二書的相關著作一起提及，因此束景南先生之說，或可備爲一說。如此則《大學章句》、《中庸章句》成於乾道八年，經過修改後於淳熙元年寫成《大學詳說》與《中庸詳說》，後又經過三年修訂，於淳熙四年〈大學章句序〉（或〈中庸章句序〉）第一次寫成，此時才算正式確定成書。至於《大學或問》與《中庸或問》二書，束景南先生又有所考定，他說：

> 《大學或問》比《章句》稍後成，朱集中最早言及《大學或問》者，爲《別集》卷五〈答皇甫文仲〉書四：「《大學或問》今付來介，看畢幸示及。」此書言及〈易傳跋〉語，即指《文集》卷八十一〈書伊川先生易傳板本後〉，作於淳熙六年。按朱熹淳熙六年赴南康軍任，無暇作書，故《大學或問》必成在淳熙五年以前，即在四年序定《大學章句》時也。李性傳《饒州刊本朱子語續錄後序》云：「《大學、中庸章句》、《或問》成書雖久，至己酉乃始序而傳之。」亦不以《章句》、《或問》成在己酉可見。……《中庸或問》亦成在淳熙四年，《文集》卷三十四〈答呂伯恭〉書三十三：「十八日已入院（白鹿洞書院）開講，以落其成矣。講義只是《中庸》首章《或問》中

〔註56〕見束景南著：《朱熹年譜長編》，頁586。

語。」此書作於淳熙七年，以淳熙六年朱赴南康任無暇著述考之，
則《中庸或問》亦作於淳熙四年。〔註57〕

按此段文字無法讓我們了解束景南先生從何得知「朱熹淳熙六年赴南康任便無暇著述」，也無從得知二書如何「理所當然地」被判斷爲淳熙四年所成。雖然束景南先生的考定有一點問題，不過我們從他的考定中可以將《大學或問》與《中庸或問》二書成書年代的範圍縮小，即《大學或問》成書於淳熙四至六年間，《中庸或問》則成於淳熙四至六、七年間，但是確切的時間實無法得知。至於朱熹被拿來證明《四書章句集注》成於淳熙四年的一封信〈答蔡季通〉所言：

某數日整頓得《四書》頗就緒，皆爲集注，其餘議論，別爲《或問》一篇，諸家說已見《精義》者皆刪去。但《中庸》更作《集略》一篇，以其《集解》太繁故耳。〔註58〕

束景南先生據此證其淳熙四年已成《四書章句集注》，原因是：

按朱熹《論孟精義》序於乾道八年，但至淳熙七年已改名《要義》，後又更名《集義》，此答書稱《精義》，其作於淳熙四年而非作於淳熙十六年顯然可見。〔註59〕

筆者前已辯之，雖然《精義》之名後已改爲《集義》，但朱熹往後仍有稱《精義》者，故此不足爲證。而陳來先生更因「《論孟集注》初刊于丁酉」，〔註60〕故序此信在淳熙四年，蓋有《論孟集注》、《或問》，未必就已有《大學或問》、《中庸或問》之書，故論證稍有不足。

至於《論孟集注》及《論孟或問》，束景南先生則已證明之，他說：

《文集》卷六十二〈答張元德〉書七有張元德問：「《語孟或問》乃丁酉本，不知後來改定如何？」朱答云：「《論孟集注》後來改定處多，遂與《或問》不甚相應，又無功夫修得《或問》，故不曾傳出。」
〔註61〕

也就是說淳熙四年已經有《論孟或問》的最初刊本，則《論孟集注》更在《論

〔註57〕見束景南著：《朱熹年譜長編》，頁587。
〔註58〕見〔宋〕朱熹著：《晦庵先生朱文公續集》卷2，收入《朱子全書》第25冊，頁4680。
〔註59〕見束景南著：《朱熹年譜長編》，頁587。
〔註60〕見陳來著：《朱子書信編年考證》，頁150。
〔註61〕見束景南著：《朱熹年譜長編》，頁585。

孟或問》之前，因此《論孟集注》與《論孟或問》皆當完成於淳熙四年無疑。

另外朱熹尚有《中庸輯略》一書，此書據朱熹淳熙十六年之〈中庸章句序〉云：

> 熹自蚤歲即嘗受讀而竊疑之，沉潛反復，蓋亦有年，一旦恍然似有以得其要領者，然後乃敢會眾說而折其中，既爲定著《章句》一篇，以俟後之君子。而一二同志，復取石氏書，刪其繁亂，名以《輯略》，且記所嘗論辨取舍之意，別爲《或問》，以附其後。〔註62〕

則朱熹完成《中庸章句》後，又刪石氏之書而成《中庸輯略》，此處所說的《中庸章句》不知爲乾道八年本，或是束景南先生所證明之淳熙四年序定本？蓋朱熹於乾道九年時爲石𡌨《中庸集解》寫序時，尚未提到《中庸輯略》，故此處所言之《中庸章句》當淳熙四年序定本而非乾道八年本明矣。又據〈序〉中所言，《中庸輯略》完成後方有《中庸或問》之書，而《中庸或問》前已辨之，其成書之時間當在淳熙四年至六、七年間，則《中庸輯略》的成書時間應不晚於淳熙六年。

從乾道八年到淳熙六年之間，可以說是朱熹對《四書》下功夫最深的一段時間，也是他在《四書》學上最輝煌的階段。朱熹將其最主要的《四書章句集注》完成，當然他亦不忘留下《四書或問》這紀錄完成過程的書籍。爾後朱熹雖然不斷在《四書》上面進行修改跟討論，但其所本的都是此段時間所完成的《四書章句集注》和《四書或問》。

朱熹的後半生除了對《四書章句集注》不斷修改之外，他還曾將他認爲《孟子》一書的精要部份獨立出來，編成一部《孟子要略》（或稱《孟子要指》）。朱熹編纂此書的用意，在劉爚《雲莊集》〈孟子要略後序〉中有段詳盡的說明：

> 昔嘗聞先生與其門人論輯此書之意而誨之曰：觀書不可僅過目而止，必時復玩味，庶幾忽然感悟，到得義理與踐履處融會，乃爲自得，嗚呼！是又先生教人之要旨也。〔註63〕

這段話亦見於《朱子語類》中，〔註64〕文辭雖有小異，然大意相同，而據《朱

〔註62〕見〔宋〕朱熹著：《晦庵先生朱文公文集》卷76，收入《朱子全書》第24冊，頁3675。

〔註63〕見〔宋〕劉爚著：《雲莊集》卷5，收入《景印文淵閣四庫全書》第1157冊，頁398。

〔註64〕「看文字，不可恁地看過便道了。須是時復玩味，庶幾忽然感悟，到得義理與踐履處融會，方是自得。這箇意思，與尋常思索而得，意思不同。」見〔宋〕

子語類》記載，此段文字爲「賀孫」所記，「賀孫」是「葉賀孫」，也就是葉味道。〔註65〕而文字記載的時間，以《朱子語類》前的〈朱子語錄姓氏〉所說，爲葉味道「辛亥以後所聞」，〔註66〕辛亥年爲紹熙二年。另外《朱子語類》中有關《孟子要略》的記載，還有「時舉」，「時舉」即「潘時舉」，就是潘子善，〔註67〕據〈朱子語錄姓氏〉言「癸丑以後所聞」，〔註68〕而癸丑年爲紹熙四年。以這兩人所記載的時間來看，葉味道的記載時間較早，因此《孟子要略》的成書年代應該是在紹熙二年左右或更早。

依據以上的論述以及論證，茲於此將朱熹所完成的《四書》相關著作，按照時間先後，列表於後，以方便見其整個歷程：

完 成 時 間	書 名	備 註
紹興二十九年（西元 1159 年）	《論語說》	或名《論語集解》
紹興三十一年（西元 1161 年）	《孟子集解》	或名《孟子說》
隆興元年（西元 1163 年）	《論語要義》	由《論語說》刪改
乾道三年（西元 1167 年）	《大學集解》	或名《大學集傳》
乾道八年（西元 1172 年）	《論孟精義》	淳熙七年改爲《論孟要義》淳熙十年改爲《論孟集義》
乾道八年（西元 1172 年）	《論語訓蒙口義》	
乾道八年（西元 1172 年）	《大學章句》	初稿
乾道八年（西元 1172 年）	《中庸章句》	初稿
淳熙元年（西元 1174 年）	《大學詳說》	
淳熙元年（西元 1174 年）	《中庸詳說》	
淳熙二年（西元 1175 年）	《論語詳說》	或名《論語集注詳說》
淳熙四年（西元 1177 年）	《大學章句》	首次序定
淳熙四年（西元 1177 年）	《中庸章句》	首次序定
淳熙四年（西元 1177 年）	《論語集注》	

黎靖德編：《朱子語類》卷105（北京：中華書局，1999 年 6 月北京第 4 刷），頁 2630～2631。

〔註65〕「葉賀孫，字味道，括蒼人，居永嘉。」見〔宋〕黎靖德編：《朱子語類》〈朱子語錄姓氏〉，頁 13。

〔註66〕見〔宋〕黎靖德編：《朱子語類》，〈朱子語錄姓氏〉，頁 13。

〔註67〕「潘時舉，字子善，天臺人。」見〔宋〕黎靖德編：《朱子語類》〈朱子語錄姓氏〉，頁 13。

〔註68〕見〔宋〕黎靖德編：《朱子語類》〈朱子語錄姓氏〉，頁 13。

淳熙四年（西元 1177 年）	《孟子集注》	
淳熙四年（西元 1177 年）	《論語或問》	
淳熙四年（西元 1177 年）	《孟子或問》	
淳熙四～六年（西元 1177～1179 年）	《大學或問》	
淳熙四～七年（西元 1177～1180 年）	《中庸或問》	
淳熙六年（西元 1179 年）	《中庸輯略》	
淳熙十六年（西元 1189 年）	《大學章句》	正式序定
淳熙十六年（西元 1189 年）	《中庸章句》	正式序定
紹熙二年（西元 1191 年）	《孟子要略》	或名《孟子要指》

第三章　朱熹《四書章句集注》成書的思想歷程分析

　　明白朱熹《四書章句集注》成書過程中的外緣文獻考訂的問題後，接著筆者欲從內在思想歷程的角度上來看朱熹如何完成《四書章句集注》，此一部分所要論述的方向乃是由外緣文獻之考訂所聯繫之內在意義著眼，因此本章偏重於朱熹《四書章句集注》形成過程之詮釋思想內涵的轉變。就實際過程上來看，朱熹對《四書》詮釋摻雜著文獻的整理工作以及對《四書》內涵、文意的掌握，尤其是對大綱領的把持，更是他完成《四書章句集注》的一個很重要的步驟，因為唯有透過綱領的把持，才能為後來的詮釋工作尋得一個正確的方向與觀念，並且得到符合聖人之意的解釋。另外我們也從朱熹的詮釋《四書》過程裏，看出他前後注解思想上的轉變，轉變的重心乃是從文義的解釋過度到揣度聖人之意，以至於到修養工夫的講究，明顯而深刻地展現出朱熹詮解《四書》的思想特色。

第一節　概　說

　　從第一章對朱熹有關《四書》相關著作的辨析來看，花了朱熹畢生精力的《四書章句集注》，在完成的整個過程中，有著許多的轉折。朱熹少年時代遵從其父的遺命，跟隨胡憲、劉勉之、劉子翬三先生問學，其中胡憲先生曾經作了一件事或許是啓發了朱熹整理四書，在朱熹為胡憲所寫的行狀中這樣記載著：

其讀書不務多爲訓說，獨嘗纂《論語說》數十家，復抄取其要，附
以己說，與他文草槀藏於家。〔註1〕

文中所說的「纂《論語說》數十家，復抄取其要，附以己說」，其實正與後
來朱熹作《四書章句集注》時，起初的過程方法雷同，雖然朱熹未明言其爲
承襲其師胡憲的做法，不過我們從朱熹最初收集諸先儒之《四書》解說著作，
編成《論語說》、《孟子集解》、《大學集傳》等書，而後撮取其要，分別又編
出《論語要義》與《論孟精義》，然後在這樣的基礎上，逐步加入自己的想
法，完成了《四書章句集注》的歷程來看，其受到胡憲的影響是極有可能的。

朱熹閱讀這些聖賢書，並不像一般人讀過便輕下己意解經，從年輕時，
朱熹對於這些聖賢書便產生懷疑，他在〈答范直閣〉中說：

去歲在同安，獨居幾閱歲，看《論語》近十篇，其間疑處極多，筆
札不能載以求教。〔註2〕

這種懷疑除了有讀不通的成分之外，其實有更大部分是對於當時的解經著作
不滿和不理解。他說：

熹年十三四時，受其說於先君，未通大義而先君棄諸孤。中間歷
訪師友，以爲未足，於是徧求古今諸儒之說，合而編之，誦習既
久，益以迷眩。晚親有道，竊有所聞，然後知其穿鑿支離者固無
足取，至於其餘，或引據精密，或解析通明，非無一辭一句之可
觀。〔註3〕

這段話說明了朱熹對當時多數解說聖賢書的不滿，此種不滿乃是因爲眾說紛
紜，且所言義理支離破碎，雖有可觀之處，但是從大的方向來看，卻未必能
令學問精進。於是朱熹從這些「古今諸儒之說」開始著手，先收集當時所見
的解說著作，合而編之。然而朱熹所編集的《論語說》、《孟子集解》、《大學
集傳》等書卻未曾流傳出來，一來這些作品後來已經被朱熹所修改，二來朱
熹在〈答何叔京〉中表示：

《孟子集解》本欲自備遺忘，抄錄之際，因遂不能無少去取及附己

〔註1〕 〈籍溪先生胡公行狀〉見〔宋〕朱熹著：《晦庵先生朱文公文集》卷97，收入
《朱子全書》第25冊，頁4505。
〔註2〕 見〔宋〕朱熹著：《晦庵先生朱文公文集》卷37，收入《朱子全書》第21冊，
頁1609。
〔註3〕 見〔宋〕朱熹著：《晦庵先生朱文公文集》卷75，收入《朱子全書》第24冊，
頁3613～3614。

意處。近日讀之，句句是病，不堪拈出，它時若稍有所進，當悉訂
定以求教，今未敢也。〔註4〕

又在〈答林師魯〉中說：

《大學集傳》雖原於先賢之舊，然去取之間，決於私臆，比復思省，
未當理者尚多，暇日觀之，必有以見其淺陋之失。〔註5〕

他編纂這些書籍是參雜己意的，而且是拿來「自備遺忘」，不打算流傳出來，此
外當然也是朱熹自覺不滿，此時的不滿與之前的不滿，實際上是有所不同的。
此時的不滿除了針對這些諸先儒的說法外，他也對自己的解讀感到不足，朱熹
說：「讀書須是自肯下工夫始得。某向得之甚難，故不敢輕說與人。」，〔註6〕
為此，朱熹花了幾年的時間，將這些先儒的著作，根據自己的想法又作了一番
梳理，而此番梳理則著眼在辨析各家的異同，如朱熹自己曾說：

凡看文字，諸家說異同處最可觀。某舊日看文字，專看異同處。如
謝上蔡之說如彼，楊龜山之說如此，何者為得？何者為失？所以為
得者是如何？所以為失者是如何？〔註7〕

如《論語要義》與《論孟精義》的編纂，實際上都是為著梳理眾說異同而準
備，朱熹在〈論孟精義・序〉中就這樣說：

而近世二三名家，與夫所謂學於先生之門人者，其考證推說，亦或時
有補於文義之間，學者有得於此而後觀焉，則亦何適而無得哉！特所
以求夫聖賢之意者，則在此而不在彼爾。若夫外自託於程氏，而竊其
近似之言，以文異端之說者，則誠不可以入於學者之心。然以其荒幻
浮夸，足以欺世也，而流俗頗已鄉之矣，其為害豈淺淺哉！〔註8〕

可見朱熹深怕有「近似」聖賢意的言論危害人心，故不辨不行。甚至到了晚
年，朱熹對於這種情況，仍然表達了他的憂心，他在〈答趙子欽〉中說道：

熹數年來有更定舊書數種，欲得面論而不可得。大抵愚意常患近世
學者道理太多，不能虛心退步，徐觀聖賢之言以求其意，而直以己

〔註4〕　見〔宋〕朱熹著：《晦庵先生朱文公文集》卷40，收入《朱子全書》第22冊，
　　　　頁1802。
〔註5〕　見〔宋〕朱熹著：《晦庵先生朱文公別集》卷5，收入《朱子全書》第25冊，
　　　　頁頁4935。
〔註6〕　見〔宋〕黎靖德編：《朱子語類》卷121，頁2939～2940。
〔註7〕　見〔宋〕黎靖德編：《朱子語類》卷104，頁2615。
〔註8〕　見〔宋〕朱熹著：《晦庵先生朱文公文集》卷75，收入《朱子全書》第24冊，
　　　　頁3631。

> 意強置其中，所以不免穿鑿破碎之弊，使聖賢之言不得自在而常爲
> 吾說之所使，以至劫持縛束而左右之，甚或傷其形體而不恤也。如
> 此，則自我作經可矣，何必曲躬俯首而讀古人之書哉？〔註9〕

這裡說明的是他整理與注解《四書》的原因，正因爲眾多言論道理太多，對
於聖人之書，強加己意，以致支離破碎、迷惑人心。至於以《論語》與《孟
子》二書爲先、爲主，朱熹明確地表示說：

> 今欲直得聖人本意不差，未須理會「經」，先須於《論語》、《孟子》
> 中專意看他，切不可忙，虛心觀之，不須先自立見識，徐徐以俟之，
> 莫立課程。〔註10〕

這裡的「直得聖人本意」就是朱熹的主要目的。換句話說，朱熹花了那麼大
的功夫作整理，其最重要的想法是希望解決自己的懷疑與不滿，屏除眾說的
紛雜，辨別其中的異同之處，最後能達到獲得聖賢本意的目的，正如牟宗三
先生在《心體與性體》一書中論朱熹：

> 朱熹甚著實，理論興趣又極強，最不喜含混與儱侗，即使是切己篤
> 行，亦要切己篤行得明澈與確定。字字有確義，義義要落實，使每
> 一義要凸現挺立于眼前，而期于功夫之所施可以枝枝相對葉葉相
> 當，無一可以含混遊移軟罷而不確立者。〔註11〕

這一段話把朱熹詮釋《四書》的篤實情態，描寫得非常準確。然而整理這些
前儒著作只是最初的步驟，雖然它讓我們今天得以見到朱熹思想的包容性，
然而卻也使得他自己在之後詮釋《四書》的過程裡，吃了不少苦頭，何以如
此呢？牟宗三先生接著又說：

> 然說到理論之解說，對此一問題，伊川本是無結果而終者，而延平
> 又無理論展示之興趣，此在朱子，不能不形成一大疑團、一大煩悶。
> 其所受于師承者，亦只是一入路而已，至於自己如何受用此入路，
> 則要煞費苦心也。朱子三十四歲時，而延平歿，是則已無前輩之師
> 可資扣問矣，故〈中和舊說序〉有「若窮人之無歸」之嘆也。〔註12〕

〔註9〕 見〔宋〕朱熹著：《晦庵先生朱文公文集》卷56，收入《朱子全書》第23冊，
　　　　頁2645～2646。
〔註10〕 見〔宋〕黎靖德編：《朱子語類》卷104，頁2614。
〔註11〕 見牟宗三著：《心體與性體》第三冊（臺北：正中書局，2001年3月臺初版第
　　　　12刷），頁60。
〔註12〕 見牟宗三著：《心體與性體》第三冊，頁61。

此處說明的雖是一個外緣的因素，但卻也造成後來朱熹必須另尋出路，以求理論之建立與說解。因此無師可問必須解決，解決之道自是要作到「無師自通」，如何辦到？只好透過廣泛的閱讀，但此一出路卻引發了另外一個問題，李建盛先生在《理解事件與文本意義》一書中這樣提到：

> 理解者總是帶著某種意義期待、某種已有的觀念、已有的認識去理
> 解所要理解的對象，理解總是帶著「先行具有」、「先行看見」、「先
> 行把握」的東西進入理解過程中。〔註13〕

這裡筆者要說的是，當朱熹尋求另一出路，收集與閱讀了眾多注解《四書》的著作後，便產生了「某種意義期待、某種已有的觀念、已有的認識」，這使他在完成《四書章句集注》之前的那一段時間，一直受先前所讀的注解所困擾，無法眞正地擺脫那些眾多說解的觀念，且無師可問。而這種情形基本上要到朱熹完成《四書章句集注》後幾年才得以改善，這從《論孟精義》一書屢屢改名之事可見。《論孟精義》成於乾道八年，至淳熙七年因增添修改而更名《要義》，到了淳熙十年又再度更名爲《集義》。從《精義》改名爲《要義》除了是要避免混淆之外，其實另外一層原因，錢穆先生認爲：

> 其時朱子已覺往前所集，既不全是『精義』，又不全是『要義』，故
> 又改稱其書爲『集義』。只欲學者看《集注》熟了再去看。此其對《精
> 義》所收，前後意態不同，更益可知。〔註14〕

換言之，在這期間朱熹已經完成《四書章句集注》的初稿了，而因爲這份初稿尚未令朱熹自己滿意，所以改成《要義》，意即仍然「重要」，仍需採用。後來朱熹針對《四書章句集注》經過幾年的思索與修改後，，此時朱熹的思想已經漸趨成熟，對《四書章句集注》也較滿意了，故又將《精義》改名爲《集義》，意思是「集合眾義」，不再那麼重要，而改名《集義》的原因，大概就是他的不滿與疑問已漸漸消釋了，他說：

> 某舊日只恐《集義》中有未曉得義理，費盡心力，看來看去，近日
> 方始都無疑矣。〔註15〕

此一句「無疑」，耗費朱熹多少苦心細思量，須擺脫多少近似觀念的困擾。所

〔註13〕見李建盛著：《理解事件與文本意義》（上海：上海譯文出版社，2002年3月），頁7。
〔註14〕見錢穆著：〈朱子新學案·朱子之四書學〉，收入《錢賓四先生全集》，頁217。
〔註15〕見〔宋〕黎靖德編：《朱子語類》卷19，頁439。

以錢穆先生所言之「意態不同」，說明的正是朱熹受先前注解困擾與擺脫舊有觀念後的轉變。至於後來朱熹如何擺落舊有觀念和開拓獨特之注解思想，以達到無師自通，並建立其獨到的《四書》詮釋學呢？我們知道朱熹在《四書章句集注》完成前，費了很大功夫與人進行討論與思索，而其所討論與思索的內涵，便可見他如何擺落閱讀眾多注解而生的既有觀念；而從《四書章句集注》初完成到後來此書內容慢慢豐富成熟，他仍繼續不斷的討論與思索，從過程中所顯現的前後轉變，則可見其所開拓出來的注解思想出路。因此筆者分別試就朱熹擺脫既有觀念的方法、開拓注解思想的轉變過程兩部分來加以討論，以彰顯朱熹《四書章句集注》成書的思想歷程。

第二節　朱熹擺脫既有觀念的方法分析

根據《朱子語類》記載，朱熹認為：

《論語》只說仁，《中庸》只說智。〔註16〕

又說：

子淵說《大學》。曰：「……某所成《章句》、《或問》之書，已是傷多了，當初只怕人曉不得，故說許多。今人看，反曉不得。此一書之間，要緊只在『格物』兩字，認得這裏看，則許多說自是閑了。」〔註17〕

看這兩段話，可以知道朱熹在詮釋《四書》時，對某一道理的融通和觀念的掌握是很重要的，朱熹說：「若能於一處大處攻得破，見那許多零碎，只是這一箇道理。」〔註18〕所以根本觀念的討論與釐清，筆者以為正是朱熹擺脫既有觀念的方法，透過根本觀念的掌握，道理自然能夠融會貫通，舊有眾多解說作品中那些似是而非的說法，以及由此而生於朱熹思想中的既有觀念，也自然能擺脫。

朱熹寫過幾篇文章，在宋明理學領域中相當有名，如〈中和舊說〉、〈仁說〉、〈已發未發說〉、〈觀過說〉、〈忠恕說〉、〈盡心說〉、〈觀心說〉等等，對此筆者嘗試討論的，是朱熹掌握這些觀念來作為詮釋《四書》時的先備知識與準則，以求擺脫舊注所生的既有觀念。首先，這些文章的年代必須先確定，

〔註16〕見〔宋〕黎靖德編：《朱子語類》卷19，頁428。
〔註17〕見〔宋〕黎靖德編：《朱子語類》卷14，頁254～255。
〔註18〕見〔宋〕黎靖德編：《朱子語類》卷8，頁131

如果這些文章的寫成年代在《四書章句集注》完成前，那麼我們可以藉此推測，朱熹詮釋《四書》時便有可能受到這些文章的影響。根據束景南先生《朱熹年譜長編》一書所言：

紹興 28 年「研讀《論語》，與胡憲、范如圭書劄往返討論忠恕一貫之旨，與李侗理一分殊思想相合，作〈忠恕說〉。」〔註 19〕

乾道 2 年「與張栻討論已發未發，建立中和舊說。」〔註 20〕

乾道 4 年「八月，與張栻、吳翌、蔡元定、林用中、林允中、王近思等討論觀過知仁之說，作〈觀過說〉。」〔註 21〕

乾道 5 年「是春，與蔡元定講學，頓悟中和新說，確立生平學問大旨，作〈已發未發說〉寄張栻。」〔註 22〕

乾道 6 年「五月，與呂祖謙講論《中庸》首章之旨，作〈中庸首章說〉。」〔註 23〕

乾道 7 年「九月，東下政和展墓，歸途訪李宗思，作〈盡心說〉。」〔註 24〕

乾道 8 年「八月一日，編訂〈中和舊說〉」又「編集〈論性答稿〉」又「與張栻討論《洙泗言仁錄》，展開仁學論辯，作〈仁說〉、〈巧言令色說〉。」〔註 25〕

乾道 9 年「繼續與張栻討論《洙泗言仁錄》與〈仁說〉，修改〈仁說〉。」〔註 26〕

淳熙 1 年「與張栻、吳翌、呂祖儉等展開心說論辯，作〈觀心說〉」〔註 27〕

按朱熹在乾道八年時已完成《大學章句》與《中庸章句》，淳熙四年完成《論

〔註 19〕見束景南著：《朱熹年譜長編》，頁 232。
〔註 20〕見束景南著：《朱熹年譜長編》，頁 355。
〔註 21〕見束景南著：《朱熹年譜長編》，頁 401。
〔註 22〕見束景南著：《朱熹年譜長編》，頁 406。
〔註 23〕見束景南著：《朱熹年譜長編》，頁 431。
〔註 24〕見束景南著：《朱熹年譜長編》，頁 450。
〔註 25〕見束景南著：《朱熹年譜長編》，頁 475。
〔註 26〕見束景南著：《朱熹年譜長編》，頁 506。
〔註 27〕見束景南著：《朱熹年譜長編》，頁 519。

語集注》與《孟子集注》並首次序定《大學章句》與《中庸章句》，而上述這些文章的寫成皆在淳熙四年以前，因此它們被放入《四書章句集注》，就時間先後這一點上來看是沒有問題的。至於朱熹所作的這些文章，基本上都是經過與他人討論與個人思索的過程才得到的，從名稱上來看，無非是《四書》的主要內容，照朱熹自己的讀書方法來看，對主要內容的掌握是第一順位，他說：

> 讀書之法，有大本大原處，有大綱大目處，又有逐事上理會處，又其次則解釋文義。〔註28〕

又說：

> 大凡爲學有兩樣：一者是自下面做上去，一者是自上面做下來。自下面做上者，便是就事上旋尋箇道理湊合將去，得到上面極處，亦只一理。自上面做下者，先見得箇大體，卻自此而觀事物，見其莫不有箇當然之理，此所謂自大本而推之達道也。若會做工夫者，須從大本上理會將去，便好。〔註29〕

換言之，朱熹認肯的便是這種從上面做下來的工夫，所謂「大本」得見之後，見萬事萬物必迎刃而解，無不瞭然於心。此套工夫正是朱熹拿來作爲詮解《四書章句集注》的方法，用此法進入《四書》，對於《四書》的文字或聖人言語，便能夠得到較爲接近或逼眞的理解。那麼朱熹所認爲的「大本大原處」或者「大綱大目處」是什麼呢？朱熹說：

> 讀書先須看大綱，又看幾多間架。如「天命之謂性，率性之謂道，修道之謂教」，此是大綱。夫婦所知所能，與聖人不知不能處，此類是間架。〔註30〕

在《中庸》一書首章中的「天命之謂性，率性之謂道，修道之謂教」便是大綱，以下知不知、能不能處則是枝節、間架。而如「中和」一觀念，朱熹說：

> 以性情言之，謂之中和；以禮義言之，謂之中庸，其實一也。……以中和對中庸而言，則中和又是體，中庸又是用。〔註31〕

「中和」與「中庸」其實是一件事的兩個層面，本來就是相同的，兩者是「體」、

〔註28〕見〔宋〕黎靖德編：《朱子語類》卷11，頁182。

〔註29〕見〔宋〕黎靖德編：《朱子語類》卷114，頁2762。

〔註30〕見〔宋〕黎靖德編：《朱子語類》卷62，頁1480。

〔註31〕見〔宋〕黎靖德編：《朱子語類》卷63，頁1522。

「用」的關係，理解了「中和」這個根本觀念，「中庸」自然也能發用。因而
朱熹在完成《中庸章句》之前便有〈中庸首章說〉以及不斷反覆討論與思索
〈中和說〉，先立穩此根本，後來的枝枝節節，便循此而推演。雖然枝節、間
架在朱熹的眼中亦是重要的，但是大本、大綱處卻須先處理的，所以朱熹說：
「大本不立，小規不正。」〔註32〕又如朱熹說：

> 忠恕是大本，所以爲一貫。〔註33〕

又

> 聖人只是一箇大本大原裏發出，視自然明，聽自然聰，色自然溫，貌
> 自然恭，在父子則爲仁，在君臣則爲義，從大本中流出，便成許多道
> 理。只是這箇一，便貫將去。所主是忠，發出去無非是恕。〔註34〕

在此朱熹認爲忠恕是大本大原，聖人從此「大本大原」中衍生許多道理，而
「一貫」便自然如此，因而朱熹在《論語集注》完成之前，便先有〈忠恕說〉，
以此作爲思想的準則來說解《論語》，以下便都不錯了。另外朱熹認爲《論語》
所講的道理不外乎一個仁字，雖然仁的內在意涵豐富而廣大，但有關仁的觀
念在朱熹來說卻是根本，朱熹在一封〈答張欽夫〉中這樣說：

> 蓋仁也者，心之道，而人之所以盡性至命之樞要也。……且謂之大
> 本，則天下之理無出於此，但自人而言，非仁則無自而立，故聖門
> 之學以求仁爲要者，正所以立大本也。〔註35〕

仁是求聖人之路的樞要、根本，所以朱熹詮解《論語》之前，也將有關仁的
觀念作了許多討論，〈觀過說〉、〈仁說〉便是朱熹作爲詮釋《論語》前釐清觀
念性的文章。而朱熹的〈盡心說〉一文，同樣是作爲他詮釋《孟子》一書的
釐清性文章，朱熹說：

> 孟子說命，至『盡心』章方說得盡。〔註36〕

《朱子語類》中又有一段這樣說：

> 問：「《孟子》比《論語》卻易看，但其間數段極難曉。」曰：「只〈盡

〔註32〕見〔宋〕黎靖德編：《朱子語類》卷8，頁144。

〔註33〕見〔宋〕黎靖德編：《朱子語類》卷27，頁675。

〔註34〕見〔宋〕黎靖德編：《朱子語類》卷45，頁1150。

〔註35〕見〔宋〕朱熹著：《晦庵先生朱文公文集》卷30，收入《朱子全書》冊21，
　　　　頁1327。

〔註36〕見〔宋〕黎靖德編：《朱子語類》卷60，頁1435。

心篇〉語簡了，便難理會。……。」〔註37〕

〈盡心〉章對朱熹來說是理解《孟子》很重要的章節，是《孟子》一書的精髓，同時因爲朱熹認爲此章較難理解，讀到此處方算完整，是《孟子》一書的關鍵，此一關節打通後，《孟子》一書就不困難了，因此〈盡心說〉的完成也就不難理解。從以上的引述來看，「仁」、「忠恕」、「已發未發」、「中和」、「盡心」等這些觀念的確是朱熹解讀《四書》的本源處。茲試舉幾例以說明之。

（一）〈仁說〉與《論語集注》

上述這些文章的內容，朱熹並非照單全收的放在《四書章句集注》中，而是將它們當成理論性根據，依循此一根本理論來進行其詮釋《四書》的工作，從〈仁說〉來看：

> 故論天地之心者，則曰乾元、坤元，則四德之體用不待悉數而足。論人心之妙者，則曰「仁，人心也」，則四德之體用亦不待遍舉而該。蓋仁之爲道，乃天地生物之心，即物而在，情之未發而此體已具，情之既發而其用不窮，誠能體而存之，則眾善之源、百行之本，莫不在是。此孔門之教所以必使學者汲汲於求仁也。〔註38〕

朱熹論「仁」說「情之未發而此體已具」，所言「此體」乃指「仁」而言，爲人心本具、本有，相較朱熹《論語集注》〈述而〉「子曰仁遠乎哉」章中解「仁」曰：

> 心之德，非在外也，放而不求，故有以爲遠者。反而求之，則即此而在矣。〔註39〕

則朱熹在〈仁說〉基礎上更推進一步，此仁已在自家心中，只待反身而求已具之體，求之而在，不待外求。又〈仁說〉曰：

> 其言有曰：「克己復禮爲仁。」言能克去己私，復乎天理，則此心之體無不在，而此心之用無不行也。〔註40〕

檢視《論語集注》中〈顏淵〉「顏淵問仁」章，朱熹所解之仁：

> 蓋心之全德，莫非天理，而亦不能不壞於人欲。故爲仁者必有以勝

〔註37〕見〔宋〕黎靖德編：《朱子語類》卷19，頁439。
〔註38〕見〔宋〕朱熹著：《晦庵先生朱文公文集》卷67，收入《朱子全書》冊23，頁3279～3280。
〔註39〕見〔宋〕朱熹著《四書章句集注》，收入《朱子全書》冊6，頁128。
〔註40〕見〔宋〕朱熹著：《晦庵先生朱文公文集》卷67，收入《朱子全書》冊23，頁3280。

私欲而復於禮，則事皆天理，而本心之德復全於我矣。〔註41〕

其中所言「事皆天理」，便是以〈仁說〉之「情之既發而其用不窮」以及「此心之體無不在，而此心之用無不行」二語爲基礎，往細微處作進一步的說明：雖然天理會受到人欲的干擾而毀壞，但若能以「勝私欲而復於禮」作爲修持工夫，則事事之發用時皆中「天理」，便能恢復心之全德於自身，達到仁的境界。又如〈仁說〉曰：

又曰：「居處恭，執事敬，與人忠。」則亦所以存此心也。〔註42〕

拿此來與《論語集注》中相對之解比較，〈子路〉「樊遲問仁」章曰：

恭主容，敬主事。恭見於外，敬主乎中。之夷狄不可棄，勉其固守而勿失也。〔註43〕

恭是外在的表現，敬則是內心的存養，〈仁說〉中認爲此是「存此心」，存此心則可以見仁，朱熹解此，以「存此心」爲根本的觀念，說明以敬存養此心，固守而勿失，便能放諸天下而皆準，足以行遍天下。由此可知，朱熹〈仁說〉一文，將仁的觀念先行釐清，作一根本上的說明，以此爲基礎，進而在注解《論語》時，就此根本之說加以衍伸，或推於事物之上，或加上工夫論，作更精湛的說解，換句話說，朱熹雖然強調實踐的工夫，但是實踐前觀念的釐清，不受其他似是而非的觀念所迷惑，是朱熹注解《四書》時的一個重要的過程。

（二）〈中庸首章說〉與《中庸章句》

我們再以〈中庸首章說〉第一段爲例：

《中庸》曰：「天命之謂性，率性之謂道，脩道之謂教。」何也？曰：天命之謂性，渾然全體，無所不該也；率性之謂道，大化流行，各有條貫也；脩道之謂教，克己復禮，日用工夫也。知全體，然後條貫可尋，而工夫有序。然求所以知之，又在日用工夫，下學上達而已矣。〔註44〕

而《中庸章句》之解「天命之謂性，率性之謂道，脩道之謂教」曰：

〔註41〕見〔宋〕朱熹著《四書章句集注》，收入《朱子全書》冊6，頁167。
〔註42〕見〔宋〕朱熹著：《晦庵先生朱文公文集》卷67，收入《朱子全書》冊23，頁3280。
〔註43〕見〔宋〕朱熹著《四書章句集注》，收入《朱子全書》冊6，頁184。
〔註44〕見〔宋〕朱熹著：《晦庵先生朱文公文集》卷67，收入《朱子全書》冊23，頁3264。

命，猶令也。性，即理也。天以陰陽五行化生萬物，氣以成形，而理亦賦焉，猶命令也。於是人物之生，因各得其所賦之理，以爲健順五常之德，所謂性也。率，循也。道，猶路也。人物各循其性之自然，則其日用事物之間，莫不各有當行之路，是則所謂道也。脩，品節之也。性道雖同，而氣稟或異，故不能無過不及之差，聖人因人物之所當行者而品節之，以爲法於天下，則謂之教，若禮、樂、刑、政之屬是也。蓋人之所以爲人，道之所以爲道，聖人之所以爲教，原其所自，無一不本於天而備於我。學者知之，則其於學，知所用力而自不能已矣。〔註45〕

就「天命之謂性」一語而言，〈中庸首章說〉中「渾然全體，無所不該」是對性的體段說明，而《中庸章句》中從天生成萬物的材質「陰陽五行」，以至於人物承之以「健順五常之德」以爲性，主要是針對性之體段的形成過程作詳細的描述。就「率性之謂道」來說，〈中庸首章說〉說的是道之體，而《中庸章句》則是落到日常事物上分說，因道之流行「各有條貫」，則萬事萬物均循此條貫，各有當行之路。而「脩道之謂教」，〈中庸首章說〉說「克己復禮，日用工夫」是指個人的修身之學，須是知全體、尋條貫，而後循序實踐修養之工夫，至於《中庸章句》中所言，則是先從聖人立教這個層面來說，因聖人修養己身已成，故立教以爲天下法，以達到兼善天下之最終目標，然則欲達兼善天下，仍不能失其修養自身，故後說又回到「原其所自，無一不本於天而備於我」一語上，以與〈中庸首章說〉「克己復禮、日用工夫」相連貫，作一首尾相通的論述。總的來說，此段〈中庸首章說〉是說個大綱領，若只看〈中庸首章說〉，則我們只把抓住綱要，未能見其內涵；只能看到門面，未能見其堂奧，而看了《中庸章句》之後，便能知道其中詳細的內容，也更能把握道理的首尾始末。朱熹這樣的方法能達到如此的效果，其實是因爲他已先掌握了綱領，排除之前的種種疑慮與既有觀念，而後經過一番體證的過程，才有我們所看到的內涵豐富而精采的《中庸章句》。

如果我們再拿〈中庸首章說〉第二段的文字來與《中庸章句》比較，更可見《中庸章句》文意承展之跡。〈中庸首章說〉第二段說：

又曰：「道也者，不可須臾離也，可離非道也。是故君子戒謹乎其所不睹，恐懼乎其所不聞，莫見乎隱，莫顯乎微，故君子謹其獨也。」

〔註45〕見〔宋〕朱熹著《四書章句集注》，收入《朱子全書》冊6，頁32。

何也？曰：率性之謂道，則無時而非道，亦無適而非道，如之何而
可須臾離也？可須臾離，則非率性之謂矣。故君子戒謹乎其所不睹，
恐懼乎其所不聞。〔註46〕

而《中庸章句》中此段之解曰：

道者，日用事物當行之理，皆性之德而具於心，無物不有，無時不
然，所以不可須臾離也。若其可離，則爲外物而非道矣。是以君子
之心常存敬畏，雖不見聞，亦不敢忽，所以存天理之本然，而不使
離於須臾之頃也。〔註47〕

〈中庸首章說〉只言個「無時而非道，亦無適而非道」，但爲何如此呢？朱
熹並未詳說，至《中庸章句》時，朱熹先將「道」放下來說，因爲是日用事
物之理，又將之提上來說，說是「性之德而具於心」，因爲徹上徹下地說都
是時時存在，自然而然，所以不可須臾離。又〈中庸首章說〉說：「可須臾
離，則非率性之謂矣。」語意似乎停滯於「率性」之上，那麼「非率性」是
如何說？《中庸章句》則說：「若其可離，則爲外物而非道矣。」，如此說「非
率性」，則我爲外物，道自是道，兩不相涉，語意推進，詳而易曉。由此更
見《中庸章句》以〈中庸首章說〉之說爲本，據其本源易簡之大綱處，推而
詳之。

（三）〈盡心說〉與《孟子集注》

《孟子》一書，蒙培元先生說：

如果說，孔子只是提出了道德主體論的基本思想，還沒有展開心性
論的系統論述，那麼孟子則眞正完成了這個任務。他正式提出心性
合一的道德主體論，從而爲儒家心性論奠定了理論基礎。孟子也因
此成爲儒家心性論的著名代表。〔註48〕

孟子既然是儒家正式提出心性論的人，那麼朱熹掌握了孟子所說的「盡心知
性」顯然是核心的概念。朱熹的〈盡心說〉這麼說：

蓋天者，理之自然，而人之所由以生者也；性者，理之全體，而

〔註46〕見〔宋〕朱熹著：《晦庵先生朱文公文集》卷67，收入《朱子全書》冊23，
　　　　頁3264～3265。

〔註47〕見〔宋〕朱熹著《四書章句集注》，收入《朱子全書》冊6，頁32～33。

〔註48〕見蒙培元著：《中國心性論》（臺北：臺灣學生書局，1996年3月初版2刷），
　　　　頁28～29。

人之所得以生者也；心則人之所以主於身而具是理者也。天大無外，而性稟其全，故人之本心，其體廓然，亦無限量，惟其梏於形器之私，滯於聞見之小，是以有所蔽而不盡。人能即事即物，窮究其理，至於一日會貫通徹而無所遺焉，則有以全其本心廓然之體，而吾之所以爲性與天之所以爲天者，皆不外乎此，而一以貫之矣。〔註49〕

文中的「天者，理之自然，而人之所由以生者也」說的是天、理與人的關係；「性者，理之全體，而人之所得以生者也」說的是性、理與人的關係；「心則人之所以主於身而具是理者也」說的則是心、理與人的關係。朱熹將天、性、心跟人的關聯用分解的方式說，這樣的羅列式講法，無非是要將各個觀念仔細地釐清，而以此作爲解說《孟子》的基礎，這從朱熹對《孟子集注》〈盡心〉上首章中相對之解說可見其跡。他這樣解道：

心者，人之神明，所以具眾理而應萬事者也。性則心之所具之理，而天又理之所從以出者也。人有是心，莫非全體，然不窮理，則有所蔽而無以盡乎此心之量。故能極其心之全體而無不盡者，必其能窮夫理而無不知者也。既知其理，則其所從出，亦不外是矣。以《大學》之序言之，知性則物格之謂，盡心則知至之謂也。〔註50〕

在〈盡心說〉中，心的說法是「人之所以主於身而具是理」，而《孟子集注》中則說「人之神明，所以具眾理而應萬事者也」，心具有眾理自不待言，然而不只是主於身，而且向上地說是人之神明，向下地說則是能應萬事，如此更通透地說明心的本體性格以及作用。而《孟子集注》的性、天則接著心的說法一貫說下來，與〈盡心說〉中的分解式說法截然不同，且說明性時，則說「心之所具之理」，將性與心的關係更緊密地結合起來說明。又〈盡心說〉說：「人之本心，其體廓然，亦無限量」，同樣以詳細描述的方式說，至《孟子集注》時則說「人有是心，莫非全體，然不窮理，則有所蔽而無以盡乎此心之量」，換言之心是全體，既是「全體」，則「廓然」、「無限量」皆已涵括。而窮理方能除蔽、盡心之無限量，較〈盡心說〉「窮究其理⋯⋯全其本心廓然之體」要更圓熟地說明窮理與心的無限量之間的關聯。即使以「性」一詞來看，

〔註49〕見〔宋〕朱熹著：《晦庵先生朱文公文集》卷 67，收入《朱子全書》冊 23，頁 3273。

〔註50〕見〔宋〕朱熹著《四書章句集注》，收入《朱子全書》冊 6，頁 425。

亦可發現朱熹解說的轉趨周全一貫，如《孟子集注》〈離婁〉「天下之言性」章，他解「性」時說：「性者，人物所得以生之理也。」此正可見其從〈盡心說〉的說解之演變之跡。

　　從上述引述可以看出朱熹以〈盡心說〉作爲基礎觀念的做法。

　　由以上幾個例子中可以看到，朱熹在注解《四書》時，往往以之前所作的文章爲根本，先將大綱大本立定之後，然後推演至廣大處或細微處，以求首尾相貫通。而這大綱大本的立定，其實正如筆者先前所說的，朱熹以此作爲理論之根據，擺落閱讀舊注時產生的既有觀念，立定正確的認識與觀念的釐清，並開拓其思想以達到無師自通。而這些正確認識，認識的是什麼？觀念的釐清，釐清的又是什麼呢？筆者以爲蒙培元先生在解析孔子心性思想時，有這樣一段話，他說：

> 仁和智是不可以分開的。智以解惑，仁以去憂。智和認知理性──即認識論──有關，仁則是實踐理性；但二者是完全統一的。智又是實現仁的必要條件。「不智，焉得仁」。智只有同道德實踐結合起來，才是眞正有價値的知識。〔註51〕

這是說明孔子的仁、智觀念的統一，先有正確的認識（智），建立實踐理性觀念（仁），這種對實踐理性的認識可以說是高度的內省，所以蒙培元接著說：

> 他所謂智，主要是「知禮」、「知言」；即對主體自身及其主體間的人倫關係有所認識。〔註52〕

用這樣的形容來說明朱熹詮釋《四書》亦無不可，因爲這些正確的認識與觀念的釐清，並不屬於外在知識的認識，更不只是內在邏輯的推演而已，而可以說是對實踐理性的認識，換言之這是朱熹對自身與自身有關的道德實踐、內在修養的認識，唯有透過這種實踐理性的認識，再加上踏實的修養工夫，朱熹才能擺脫「既有觀念」，並對聖賢之書有深刻的體會，直指聖人本意並學作聖人。話說回來，不管是實踐理性的認識或者踏實的修養工夫，朱熹認爲二者是缺一不可的，用朱熹自己的話來說，就是「不知其理，固不能履其事，然徒造其理而不履其事，則亦無以有諸己矣」，〔註53〕也正因爲如此，朱熹詮釋《四書》時才能建立起他個人獨有的特色，並且影響深遠。

〔註51〕見蒙培元著：《中國心性論》，頁23。
〔註52〕見蒙培元著：《中國心性論》，頁24。
〔註53〕見〔宋〕朱熹著《四書章句集注》，收入《朱子全書》冊6，頁425～426。

第三節　朱熹注解《四書章句集注》過程所產生之思想轉變

　　要看出朱熹注解《四書》的思想轉變之跡，則一定要把《四書章句集注》與《四書或問》拿來比較。朱熹曾說：

> 某尋常莫說前輩，只是長上及朋友稍稍說道理底，某便不敢說他說
> 得不是，且將他說去研究，及自家曉得，卻見得他底不是。〔註54〕

此「見得他底不是」是研究後方得見，見得是者則放入《四書章句集注》中，見得不是者要說得分明，遂有《或問》之書。因此論《四書章句集注》是不能忽略《四書或問》的，除了可以從中得知朱熹對諸說的優劣、去取之意外，還可見其前後學思態度的改變，此正可證明朱熹思想的拓展，如《論語》〈憲問〉「子問公叔文子章」：

> 《論語精義》謝曰：「公叔文子當時賢者，恐於聖人之事有未足耳。
> 如公明賈之對，非禮義充溢於中，時措之宜者不能，故夫子謂豈其
> 然乎？」〔註55〕

> 《論語精義》楊曰：「公明賈之言，其義則是，疑非公叔文子所及也。
> 君子與人為善，不正言其非，故曰：『其然，豈其然乎』為疑辭以語
> 之。」〔註56〕

> 《論語集注》：「厭者，苦其多而惡之之辭。事適其可，則人不厭，
> 而不覺其有是矣。是以稱之或過，而以為不言、不笑、不取也。然
> 此言也，非禮義充溢於中，得時措之宜者不能。文子雖賢，疑未及
> 此，但君子與人為善，不欲正言其非也，故曰『其然，豈其然乎』，
> 蓋疑之也。」〔註57〕

而此章在《論語或問》中這樣說道：

> 或問：公叔文子何以得不言、不笑、不取之名也？曰：蘇氏得之矣。
> 蘇氏曰：「凡事之因物中有理者，人不知其有是也。飲食未嘗無五味也，而人不知
> 者，以其適宜而中度也。飲食而知其有五味，必其過者也。此文子所以得不言、不

〔註54〕見〔宋〕黎靖德編：《朱子語類》卷104，頁2619。
〔註55〕見〔宋〕朱熹著：《論孟精義》，收入《朱子全書》冊7（上海：上海古籍出版
　　　　社；合肥：安徽教育出版社聯合出版，2002年12月第1版），頁483。
〔註56〕見〔宋〕朱熹著：《論孟精義》，收入《朱子全書》冊7，頁483。
〔註57〕見〔宋〕朱熹著《四書章句集注》，收入《朱子全書》冊6，頁191。

笑、不取之名也。」夫子之疑之，何也？曰：吳氏得之矣。吳氏曰：「文子請享靈公也，史鰍曰：『子富君貪，禍必及矣。』觀此，則文子之言豈能皆當，而其取豈能皆善？」〔註58〕

朱熹以爲此章二處，蘇氏與吳氏得之，於謝氏、楊氏之說無一言及之，然觀此章《論語集注》所言「非禮義充溢於中，得時措之宜者不能。」與《論語精義》中謝氏語完全相同；於「君子與人爲善，不欲正言其非也，故曰『其然，豈其然乎』」處則與楊氏之說完全相同。試析《論語或問》之說，初以蘇氏與吳氏之說爲得之，蓋蘇氏之說，明事適其可之意，而吳氏之說，說明文子之爲人不能皆當，故孔子疑之，二說以明文義爲主。但後來棄蘇、吳之說，反暗引謝氏之說，以明達於公明賈之說者須有之修養與境界，又暗引楊氏之說，乃更進一步揣度聖人之所爲與心意。從文義的解說到揣度聖人之心，以期達於聖人之域，這是朱熹思想上的開拓。又如《論語》〈雍也〉「子曰孟之反不伐章」：

《論語精義》謝氏曰：「人能操無欲上人心，人欲自滅，天理自明，大道其必得之矣。然不知學者欲上人之心無時而忘，蓋亦未知所以擇術也。擇術之要，莫大於不伐，久之，則凡可以矜己夸人者，皆爲餘事矣。奔而殿，將入門，策其馬，曰『非敢後也，馬不進也』，則其於不伐亦誠矣。後之學者，無志於學則已，有志於學，師孟之反可也。」〔註59〕

《論語集注》謝氏曰：「人能操無欲上人之心，則人欲日消，天理日明，而凡可以矜己夸人者，皆無足道矣。然不知學者欲上人之心無時而忘也，若孟之反，可以爲法矣。」〔註60〕

《論語或問》中，朱熹批評謝氏之說「尤爲過之」，〔註61〕底下又接著說明謝氏說法之弊：

夫操無欲上人之心，故足以抑夫好勝之私矣，然人之私意，多端發見，亦各不同，豈有但持此一行，而便可必得大道之理。孟之反之行，故可爲法，然遂以爲但師孟之反而可，則恐非夫子之意也。〔註62〕

〔註58〕見〔宋〕朱熹著：《四書或問》，收入《朱子全書》冊6（上海：上海古籍出版社、合肥：安徽教育出版社聯合出版，2002年12月第1版），頁828。

〔註59〕見〔宋〕朱熹著：《論孟精義》，收入《朱子全書》冊7，頁219。

〔註60〕見〔宋〕朱熹著《四書章句集注》，收入《朱子全書》冊6，頁114。

〔註61〕見〔宋〕朱熹著：《四書或問》，收入《朱子全書》冊6，頁725～726。

〔註62〕見〔宋〕朱熹著：《四書或問》，收入《朱子全書》冊6，頁726。

起初朱熹對謝氏之說不以爲然，其認爲謝氏說的做法太簡易，人之私欲無窮，如何能操一行而抑之，故朱熹認爲謝氏之說「說學者事甚緊切，於本文未密」。〔註63〕反觀朱熹所認同的是范氏，他說：「范氏於此，復爲得之，夫子之意，如是而已」，〔註64〕范氏的說法，看《論語精義》所引：

> 范曰：「有功而不伐，唯禹能之。戰勝者以先爲功，不勝者以後爲功。凡眾必有爭，故以讓爲美；功必有矜，故以謙爲美。夫子之於人，苟有善必稱焉，取其合於理者以教人。若孟之反，可以爲法矣。」
> 〔註65〕

在此，我們看到范氏之說，說明了文中的意涵，期能使人明白孟之反所作所爲背後的原因，以及孔子待人、教人的態度。對於文義的說解，可說是相當清楚，故得到朱熹相當的認同。然而朱熹經過一段時間的體驗與思慮後，他覺得事物之理只有一個，卻能運用無窮，他曾說：

> 學問須是大進一番，方始有益。若能於一處大處攻得破，見那許多零碎，只是這一箇道理，方是快活。然零碎底非是不當理會，但大處攻不破，縱零碎理會得些少，終不快活。……今且道他那大底是甚物事？天下只有一箇道理，學只要理會得這一箇道理。這裡纏通，則凡天理、人欲、義利、公私、善惡之辨，莫不皆通。〔註66〕

很明顯的，朱熹後來已經能體會操一行能使「人欲自滅，天理自明」的簡易道理，正如他在《大學章句》中說的「所操者約，而所及者廣」，〔註67〕並且他還從學習者的角度來解《論語》，可以說是從文義的解釋拓展到學習者的修養工夫上，因此引「說學者事甚緊切」的謝氏之說而棄他說。此二例正是從《論語集注》與《論語或問》中所見朱熹前後態度轉變之跡，或從文義解釋到揣度聖人之意，或從文義的解析到工夫的修養，其正可見朱熹注解思想的躍進與開拓。另外再拿《孟子集注》與《孟子或問》二書中所見的改變來看。如《孟子集注》〈盡心〉上首章，朱熹解曰：

> 愚謂盡心知性而知天，所以造其理也；存心養性以事天，所以履其事也。不知其理，固不能履其事，然徒造其理而不履其事，則亦無

〔註63〕見〔宋〕黎靖德編：《朱子語類》卷32，頁809。
〔註64〕見〔宋〕朱熹著：《四書或問》，收入《朱子全書》冊6，頁726。
〔註65〕見〔宋〕朱熹著：《論孟精義》，收入《朱子全書》冊7，頁218。
〔註66〕見〔宋〕黎靖德編：《朱子語類》卷8，頁131。
〔註67〕見〔宋〕朱熹著《四書章句集注》，收入《朱子全書》冊6，頁24。

以有諸己矣。知天而不以殀壽貳其心，智之盡也；事天而能脩身以俟死，仁之至也。〔註68〕

這段話看來是朱熹自己所發的見解，但《孟子精義》中〈盡心〉上首章的游氏之解這樣說道：

知天者，造其理也。事天者，履其事也。徒造其理而不履其事，是為知君上之為我尊，而未嘗致恭也；知父母之為我親，而未嘗致養也，其忠孝安在哉？知天，智之盡也；事天，仁之至也。仁之至、智之盡也，則死生為晝夜矣，豈殀壽所能惑其心哉？亦曰修身以俟之，自作元命而已。〔註69〕

在此兩段文字中所看到的差異並不大，甚至可以說有完全一樣的文句與意思，雖然程氏門人的說解常有類似之處，但依照筆者的比對，游氏此處的說法是不同於其他人的，所以可知朱熹在此處是暗引游氏之說無疑。而根據《孟子或問》〈盡心〉上首章，朱熹對游氏之說的意見表示：

游氏於此章首尾次序大意，甚有條理，而其所以為說，則皆老、佛之餘也。……其曰「至大至剛以直」，則孟子所論，乃氣之本體，而以為養性之道，尤不可其說也。〔註70〕

也就是說早先朱熹詮釋《孟子》時，游氏之說是被朱熹所否定，甚至被他認為是佛、老之說，然而看到朱熹後來的說解，卻是暗引游氏之說以為己說。雖然現已無法見其說解的原來面貌，但朱熹一開始的確無法認同游氏之說，不過游氏之說這種對於「知天」、「事天」同樣重視的態度，是後來讓朱熹暗引其語的關鍵。從這裡可以推測，起初朱熹詮釋《四書》時對文義的理解是相對較為重視的，但是後來慢慢地朱熹的注解思想開始有了轉變，對於修養工夫也開始重視。當然除了在朱熹說解時所引用前儒講修養工夫的部分之外，甚至我們還可以看到朱熹明顯地從學習者的角度來注解《四書》的說法與例子，如《孟子集注》〈離婁〉下「以善服人者」章：「蓋心之公私小異，而人之向背頓殊，學者於此不可以不審也。」〔註71〕又《孟子集注》〈離婁〉下「徐子曰仲尼亟稱於水」章：「然則學者其可以不務本乎？」〔註72〕或者又

〔註68〕見〔宋〕朱熹著《四書章句集注》，收入《朱子全書》冊6，頁425。
〔註69〕見〔宋〕朱熹著：《論孟精義》，收入《朱子全書》冊7，頁793。
〔註70〕見〔宋〕朱熹著：《四書或問》，收入《朱子全書》冊6，頁996。
〔註71〕見〔宋〕朱熹著《四書章句集注》，收入《朱子全書》冊6，頁357。
〔註72〕見〔宋〕朱熹著《四書章句集注》，收入《朱子全書》冊6，頁358。

像《論語集注》〈顏淵〉「顏淵問仁」章：「非至明不能察其幾，非至健不能致其決。故惟顏子得聞之，而凡學者亦不可以不勉也。程子之箴，發明親切，學者尤宜深玩。」〔註73〕或《論語集注》〈憲問〉「或曰以德報怨」章：「此章之言，明白簡約，而其指意曲折反復，如造化之簡易易知，而微妙無窮，學者所宜詳玩也。」〔註74〕這樣的例子在《四書章句集注》中屢屢可見。總而言之，我們可以從以上的論述中了解朱熹是從文義解說的注解基調上，轉化到揣度聖人之意，以及從學者角度上講求修養工夫。

〔註73〕見〔宋〕朱熹著《四書章句集注》，收入《朱子全書》冊6，頁168。
〔註74〕見〔宋〕朱熹著《四書章句集注》，收入《朱子全書》冊6，頁197。

第四章　朱熹《四書章句集注》之名義與刊刻

　　朱熹口中的《四書》是否作為專名，即指涉他自己所著的《四書章句集注》？筆者對此問題欲作一番討論，藉此討論來澄清朱熹口中《四書》的名義、內涵，並進一步釐清朱熹是否曾將他自己的《四書章句集注》集結刊印。除此之外，本章亦將論述朱熹刊刻《四書章句集注》各書的情況與時間點，同時對朱熹眼中《四書》的次第問題一併作一簡略的描述與說明，以求完整地呈現朱熹完成《四書章句集注》的過程。

第一節　朱熹口中《四書》之名義

　　從朱熹的相關文獻，包括文集與《朱子語類》中，經常可以看到《四書》之名，然而這樣的稱呼與後代討論到朱熹之《四書》的內涵似乎有所不同，因為後代稱朱熹的《四書》一般是指朱熹所著之《四書章句集注》，而朱熹自己口中的《四書》則似乎是泛稱《大學》、《中庸》、《論語》、《孟子》四本書而已，如〈答楊子直〉：

> 且如今書「四子」之說，極荷見教。然此書之目，只是一時偶見，《大學》太薄，裝不成冊，難作標題，故如此寫，亦欲見得《四書》次第，免被後人移易顛倒。只如《大學》，據程先生說乃是孔氏遺書，而謂其他莫如《論》、《孟》，則其尊之固在《論語》之右，非熹之私

說矣。今必欲抑之而尊《論語》，復何說乎？竊恐此意未必爲《大學》
壓《論語》發，恐又只是景迁作祟，意欲擯斥《孟子》耳。〔註1〕

文中所討論的是《四書》的次第問題，所遵循的二程子的說法，是對《四書》
的泛稱，並非指朱熹自己的書。又如《朱子語類》中所言：

今學者不如且看《大學》、《語》、《孟》、《中庸》四書，且就見成道
理精心細求，自應有得。待讀此四書精透，然後去讀他經，卻易爲
力。〔註2〕

此乃朱熹教學生讀此《四書》之語，文中說的並非他自己的《四書章句集注》，
因此也是一種泛稱，而非專名。所以在朱熹口中的《四書》似乎與後代我們
所稱朱熹的《四書》不同。我們再舉其他例子來進一步討論，在朱熹〈答蔡
季通〉中言：

某數日整頓得《四書》頗就緒，皆爲集注，其餘議論，別爲《或問》
一篇，諸家說已見《精義》者皆刪去。但《中庸》更作《集略》一
篇，以其《集解》太繁故耳。〔註3〕

該信書於何時不能確認，陳來先生序此信於淳熙四年，然前章筆者已辨之，
認爲將此信序次於淳熙四年是有問題的，雖然《四書章句集注》各書在淳熙
四年皆已完成，但是否就此以《四書》之名行世，此不可而知，若遽以此信
爲證，實尙不足。再則，朱熹言談之中所稱的「四書」，是否便是我們今天所
稱的《四書章句集注》，我們再舉幾個例子來說明：

讀書，且從易曉易解處去讀。如《大學》、《中庸》、《語》、《孟》四
書，道理粲然。人只是不去看。若理會得此四書，何書不可讀！何
理不可究！何事不可處！〔註4〕

此處的「四書」是指《大學》、《中庸》、《語》、《孟》四本書，並非專指朱熹
自己的《四書章句集注》。又：

人自有合讀底書，如《大學》、《語》、《孟》、《中庸》等書，豈可不
讀！讀此四書，便知人之所以不可不學底道理，與其爲學之次序，

〔註1〕 見〔宋〕朱熹著：《晦庵先生朱文公文集》卷45，收入《朱子全書》第22冊，
　　　　頁2073～2074。
〔註2〕 見〔宋〕黎靖德編：《朱子語類》卷115，頁2778。
〔註3〕 見〔宋〕朱熹著：《晦庵先生朱文公續集》卷2，收入《朱子全書》第25冊，
　　　　頁4680。
〔註4〕 見〔宋〕黎靖德編：《朱子語類》卷14，頁249。

然後更看《詩》、《書》、《禮樂》。〔註5〕

又：

人若能於《大學》、《語》、《孟》、《中庸》四書窮究得通透，則經傳
中折莫甚大事，以其理推之，無有不曉者，況此末事！〔註6〕

上述兩例所指亦是泛指四本書，而非專指朱熹所注解的《四書章句集注》。從
這幾個例子來看，朱熹談到「四書」一詞時，都只是指原本的《大學》、《論
語》、《孟子》、《中庸》四本書，似乎都不是講朱熹自己的《四書章句集注》，
故〈答蔡季通〉中既稱「四書」，又言「皆爲集注」，則應當是泛指的「四書」
而非《四書章句集注》，因此不能作爲《四書》成爲專名的證據。不過朱熹文
集中有一處稱「四書」時，似是指朱熹自己的《四書章句集注》，在〈答向伯
元〉一信中這樣說道：

某向來妄意作一二小書，初不敢以示人，近年自覺昏憒，不復更有
長進，有欲傳者，因以付之。今納《四書》五冊，仰塵燕几，恐有
悖理，幸望指教，尚及鐫改。〔註7〕

文中言「某向來妄意作一二小書」，又說「《四書》五冊」，看似指《四書章句
集注》而言。按陳來先生所依據的是紹熙元年朱熹於臨漳刊刻《四子書》一
事，而序此信於該年。然朱熹於臨漳郡所刊印的《四子書》，根據束景南先生
的考證，此《四子書》乃是《四書》，即《大學》、《中庸》、《論語》、《孟子》，
而非朱熹《大學章句》、《中庸章句》、《論語集注》、《孟子集注》。〔註8〕他說：

其〈書臨漳所刊四子後〉述之本甚明：「故今刻四古經而遂及乎此四
書者，以先後之；且考舊聞爲之音訓，以便觀者；又悉凡程子之言
及於此者，附於其後，以見讀之之法，學者得以覽焉」可見「四子
書」只是將《大學》、《中庸》、《論語》、《孟子》四書合爲一編，附
以音訓、二程有關論述及後跋而已，並無朱熹所作《章句》與《集
注》。若所刻即《四書章句集注》，則何須再附音訓及二程有關論述？
（《四書集注》皆已有）今遍考朱熹《文集》與《語類》，絕無有言

〔註5〕見〔宋〕黎靖德編：《朱子語類》卷67，頁1658。

〔註6〕見〔宋〕黎靖德編：《朱子語類》卷118，頁2843。

〔註7〕見〔宋〕朱熹著：《晦庵先生朱文公別集》卷4，收入《朱子全書》第25冊，
收入《朱子全書》冊25，頁4908〜4909。

〔註8〕見束景南著：〈《四書集注》編集與刊刻新考〉，收入《朱熹佚文輯考》（江蘇，
江蘇古籍出版社，1991年12月第1版），頁619〜620。

及漳州刊刻《四書集注》之事，相反卻多有將漳州所刊四子書與已作《大學章句》、《中庸章句》、《論語集注》、《孟子集注》并提，尤可證臨漳所刊四子非《四書集注》。〔註9〕

如果陳來先生所序的時間與束景南先生所考證的內容皆成立，那麼〈答向伯元〉一信在時間上仍是紹熙元年，但信中所稱「《四書》」應是指《四子書》而非《四書章句集注》。我們再看束景南先生所舉的例子，在朱熹〈答張元德〉書中：

> 《大學》近已刊行，今附去一本，雖未是定本，然亦稍勝於舊也。
> 臨漳《四子》、《四經》各往一本，其後各有跋語，可見讀之之法，請詳之。〔註10〕

此處言「雖未是定本，然亦稍勝於舊也」，所以所稱《大學》即指朱熹不斷修改的《大學章句》，而文中的確又稱《四子》，若《四子》為《四書章句集注》，當不會如此並稱。又〈答劉德修〉：

> 項在臨漳刊定經、子，粗有補於學者，今納一通，幸為過目，還以一語訂其是非，幸甚！《大學》鄙說一通，并往，所懇不殊前也。
> 〔註11〕

文中所言「《大學》鄙說」即指《大學章句》，而與臨漳所刊印的《四經》與《四子書》並稱，若臨漳《四子書》即《四書章句集注》，則不當如此並稱。因此如果束景南先生說法成立，那麼《四子書》之稱，當是泛指的《四書》，而非專指朱熹《四書章句集注》，而且從束景南先生所舉的例子中，可以看到朱熹每每將自己所著的《四書章句集注》與臨漳所刻《四子書》並稱，所以對於前面所舉〈答向伯元〉信中「某向來妄意作一二小書」與「《四書》五冊」二者並稱，實際上也不足為奇，二者應當分開來看，前者指《四書章句集注》，而後者則是指臨漳所刻的《四子書》。因此從上述的討論中，我們可以得知，朱熹口中所稱的《四書》實際上都是泛指之名，也就是指《大學》、《中庸》、《論語》、《孟子》這四本書，而不是專指他自己所著的《四書章句集注》。

〔註9〕　見束景南著：〈《四書集注》編集與刊刻新考〉，收入《朱熹佚文輯考》，頁620。
〔註10〕見〔宋〕朱熹著：《晦庵先生朱文公文集》卷62，收入《朱子全書》第23冊，頁2982。
〔註11〕見〔宋〕朱熹著：《晦庵先生朱文公別集》卷5，收入《朱子全書》第25冊，頁4929。

第二節　朱熹《四書章句集注》各書的刊刻

　　根據上一節的討論，朱熹口中的《四書》既然不是他自己的《四書章句集注》，那麼《四書章句集注》在朱熹生前是否曾經合刻過？紹熙元年朱熹所合刻的《四子書》已經可以從束景南先生的考證中得知並非《四書章句集注》，那麼從朱熹相關文獻中看到朱熹刊刻的事蹟，倒是沒有看到《四書章句集注》合刻的說法。我們根據束景南先生考定的朱熹刊刻《四書章句集注》的時間順序，一一作分析。依據束景南先生所考，認爲朱熹首次刊刻《四書章句集注》的時間是在淳熙九年，其所本者，乃朱熹之〈答宋深之〉一書，信中說到：

> 且附去《大學》、《中庸》本，〈大、小學序〉兩篇，幸視至。《大學》
> 當在《中庸》之前，熹向在浙東刻本，見爲一編。恐勾倉尚在彼，
> 可就求之。〔註12〕

束景南先生考證說：「〈答宋深之〉書二應作於淳熙十三年春間，『熹向在浙東刻本，見爲一編』必是指朱熹淳熙九年浙東提舉任上將《大學章句》、《中庸章句》、《論語集注》、《孟子集注》集爲一編刊刻於浙東。」〔註13〕實則〈答宋深之〉書中只提及《大學》與《中庸》，即使刊刻，亦當只有此二本書，因爲如果朱熹稱《四書章句集注》時，除非是各書分別提到，否則他會一起提及，而且會特別註明，以與《四書》這樣的泛稱作區別，如〈答蔡季通〉：

> 近日《章句》、《集注》四書卻看得一過，其間多所是正，深懼向來
> 日用之疏略也。〔註14〕

換句話說，朱熹如果只講《大學章句》，那就只有《大學章句》，如果講《論語集注》，那就只是指《論語集注》，不可能講《大學章句》、《中庸章句》或《論語集注》、《孟子集注》時同時包括《四書章句集注》，所以朱熹如果同時刊刻《四書章句集注》必定會同時提及，反過來說，如果束景南先生認爲朱熹提到刊刻《大學章句》、《中庸章句》二書就包括《四書章句集注》，那麼像朱熹〈答蘇晉叟〉中提到：

> 《論孟解》乃爲建陽眾人不相關白而輒刊行，方此追毀，然聞鬻書

〔註12〕見〔宋〕朱熹著：《晦庵先生朱文公文集》卷58，收入《朱子全書》第23冊，頁2771。

〔註13〕見束景南著：〈《四書集注》編集與刊刻新考〉，收入《朱熹佚文輯考》，頁624。

〔註14〕見〔宋〕朱熹著：《晦庵先生朱文公續集》卷2，收入《朱子全書》第25冊，頁4673。

者已持其本四出矣，問之當可得，然乃是靜江本之未脩者，亦不足

觀也。近爲此事所撓，甚悔傳出之太早也。〔註15〕

此處說《論孟解》時，是否便是同時指《四書章句集注》？如果是同時指《四

書章句集注》，何以朱熹不說《四書章句集注》，而只有提《論孟解》，故作考

證的工作必須有一分證據說一分話，假設與推測雖是必須的，但不可作太理

所當然的推論。是故淳熙九年朱熹於浙東提舉任上，應只有刊刻《大學章句》、

《中庸章句》。

　　另外束景南先生認爲朱熹除了淳熙九年之外，合刻《四書章句集注》尚

有四次，他說：「一於淳熙十一、二年刻於廣東德慶，通過廣東帥潘時，是爲

德慶刊本。」〔註16〕清代王懋竑認爲此次只有刻《論語集注》與《孟子集注》，

〔註17〕束景南先生認爲王懋竑的說法錯誤是因爲「實於此答詹四書作年未有

確考而誤讀所致」〔註18〕其後又考證朱熹〈答詹帥〉四書的年代並說：

　　朱熹淳熙十年秋告詹整頓《中庸》、《孟子》諸經之說頗勝於前，詹

　　遣人來求，朱抄錄寫呈。不料詹儀之遂刊刻於德慶，並親爲之作序。

　　二年以後，朱熹於淳熙十三年見此刻本，即〈答詹帥書〉二所云「德

　　慶刊本重蒙序引之賜」。〔註19〕

此處「整頓《中庸》、《孟子》諸經之說頗勝於前，詹遣人來求，朱抄錄寫呈」，

實際上在朱熹〈答詹帥書〉一文中這樣說道：

　　病中整頓得《中庸》、《孟子》頗勝於前。恨地遠不得攜以請教，閒

　　中又無人抄寫拜呈，深以爲恨耳。〔註20〕

從朱熹的原文中得知，實際上淳熙十年朱熹並未將《中庸章句》與《孟子集

注》抄錄給詹儀之，故所刻之書不會是《四書章句集注》，而且即使朱熹將《四

書章句集注》抄錄給詹儀之，那也是在〈答詹帥書〉二中所言，朱熹說：

〔註15〕　見〔宋〕朱熹著：《晦庵先生朱文公文集》卷55，收入《朱子全書》第23冊，
　　　　　頁2633。

〔註16〕　見束景南著：《《四書集注》編集與刊刻新考》，收入《朱熹佚文輯考》，頁625。

〔註17〕　「詹帥刻《語、孟注》於廣西，而《大學、中庸章句》則未之及，不知兩
　　　　　書刻於何時？度必不至己酉而後刊行也。」見〔清〕王懋竑著，《朱子年譜考
　　　　　異》卷三，收入《朱陸學術考辨五種》，頁933。

〔註18〕　見束景南著：《《四書集注》編集與刊刻新考》，收入《朱熹佚文輯考》，頁625。

〔註19〕　見束景南著：《《四書集注》編集與刊刻新考》，收入《朱熹佚文輯考》，頁625。

〔註20〕　見〔宋〕朱熹著：《晦庵先生朱文公文集》卷27，收入《朱子全書》第21冊，
　　　　　頁1200。

熹向蒙下喻欲見諸經鄙説，初意淺陋，不足薦聞。但謂庶幾因此可

以求教，故即寫呈，不敢自匿。……德慶刊本重蒙序引之賜，尤以

悚反。此書比今本所爭不多，但緊切處多不滿人意耳。〔註21〕

朱熹在寫〈答詹帥書〉二後才將所謂的「諸經鄙説」抄錄給詹儀之，而此時德慶刊本已經印出，而且詹儀之也已經作了序，換句話說，束景南先生說的「詹遣人來求，朱抄錄寫呈」是在淳熙十三年，朱熹此時才將他自己所注的書抄給詹儀之，而此時詹儀之作序的德慶刊本已經刊印出來，然所刊印的是哪些書文中未提及。而如果就文中所言「此書比今本所爭不多」一語來看，似乎所刊刻的是一本書而不是四本。而且〈答詹帥書〉三又云：

《大學》、《中庸》舊本已領。二書所改尤多，幸於未刻，不敢復以

新本拜呈。〔註22〕

則可以知道淳熙十年的德慶刊本並未刊刻《大學章句》與《中庸章句》，文中提的所謂「舊本」乃是指〈答詹帥書〉二中所說朱熹給詹儀之的抄本，加上前已言之，淳熙十年朱熹亦未將《孟子集注》與《中庸章句》抄錄給詹儀之，也就是說《大學章句》、《中庸章句》與《孟子集注》在德慶刊本完成之前，朱熹是沒有交給詹儀之的，那麼何來《四書章句集注》合刻。又〈答詹帥書〉四說：

但《論語》所改已多，不知尚堪脩否？恐不免重刊，即不若依舊本

作夾注，於體尤宜。〔註23〕

又如果從這段話來看，既提到「不知尚堪脩否」，又說「不免重刊」，則此前應已刊刻過才有所謂重刊之說，那麼德慶刊本應該只有指《論語集注》一書而已，且與筆者前面所說似乎是一本書而非四本相合。所以束景南先生說德慶刊本是《四書章句集注》以及王懋竑說只刻《論語集注》與《孟子集注》二書，實際上都是值得再商榷的。

第二次刊印之說，束景南先生認爲：

二於淳熙十三、四年刊刻於四川，是爲成都本。魏了翁《鶴山先生

〔註21〕見〔宋〕朱熹著：《晦庵先生朱文公文集》卷27，收入《朱子全書》第21冊，頁1201。

〔註22〕見〔宋〕朱熹著：《晦庵先生朱文公文集》卷27，收入《朱子全書》第21冊，頁1205。

〔註23〕見〔宋〕朱熹著：《晦庵先生朱文公文集》卷27，收入《朱子全書》第21冊，頁1206。

大全集》卷五十三〈朱氏語孟集注序〉云：「輔漢卿廣以《語孟集注》
爲贈……較以閩浙間書肆所刊，則十已易其二三；趙忠定公帥蜀日
成都所刊，則十易六七矣。」……但成都所刊實爲《四書集注》全
本。《續集》卷一〈答黃直卿〉書五十一云：「趙子直（汝愚）……
前次見《中庸說》（即《中庸章句》），極稱〈序〉中危微精一之論，
以爲至到。」趙如此推重《中庸章句》，豈有不刻此書而單刻《語孟
集注》之理。〔註24〕

束景南先生這一大段話看來似乎言之成理，趙子直既然如此推重《中庸章
句》，那麼在成都刊刻時應當會一起刻，不可能漏掉，亦無不妥之處，然而翻
檢《續集》卷一〈答黃直卿〉書五十一，文中是這樣說的：

向留丞相來討《詩傳》，今年印得寄之。近得書來云：日讀數板，秋
來方畢，甚稱其間好處，枚舉甚詳。不易渠信得及，肯如此子細讀，
如趙子直，卻未必肯如此。渠前此見《中庸說》，極稱〈序〉中危微
精一之論，以爲至到，亦是曾入思量，以此見其資質之表。惜乎前
此無以此理警欬於其側者，而今日聞之之晚也。〔註25〕

此中提到「趙子直」時，是朱熹認爲他未必願意仔細讀書，有責備的意味。
至於文中兩次稱「渠」，指的都是留丞相，也就說稱讚《中庸章句》的人並非
趙子直，而是留丞相，因此束景南先生說趙子直推重《中庸章句》並刊印之，
是誤讀所致。至於束景南先生又說：「楊方對朱熹將《四書》合編甚有微詞，
朱熹專有答覆」，〔註26〕其所引以爲證者爲朱熹〈答楊子直〉一文，該文說道：

且如今書「四子」之說，極荷見教。然此書之目，只是一時偶見，《大
學》太薄，裝不成冊，難作標題，故如此寫，亦欲見得《四書》次
第，免被後人移易顛倒。只如《大學》，據程先生說乃是孔氏遺書，
而謂其他莫如《論》、《孟》，則其尊之固在《論語》之右，非熹之私
說矣。今必欲抑之而尊《論語》，復何說乎？竊恐此意未必爲《大學》
壓《論語》發，恐又只是景迂作祟，意欲擯斥《孟子》耳。〔註27〕

〔註24〕見束景南著：〈《四書集注》編集與刊刻新考〉，收入《朱熹佚文輯考》，頁 626。
〔註25〕見〔宋〕朱熹著：《晦庵先生朱文公續集》卷1，收入《朱子全書》第25冊，
頁 4661。
〔註26〕見束景南著：〈《四書集注》編集與刊刻新考〉，收入《朱熹佚文輯考》，頁 626。
〔註27〕見〔宋〕朱熹著：《晦庵先生朱文公文集》卷45，收入《朱子全書》第22冊，
頁 2073～2074。

朱熹所稱「四子」，當爲泛稱《大學》、《中庸》、《論語》、《孟子》這四本書，而非專指《四書章句集注》，就像〈答楊至之〉一文說：

> 只且看《四子書》後所題，依其次序，用心講究，入得門戶，立得根本，然後熟讀一經，子細理會，有疑即思，不通方問，庶有進處。
>
> 若只如此泛泛揭過，便容易生說，雖說得是，亦不濟事。〔註28〕

講「四子書」，正是指他於臨漳刻《大學》、《中庸》、《論語》、《孟子》四本書，所以「四子書」代表的是泛稱的用法，不是指《四書章句集注》，且楊子直所關心的應是《四書》的次第問題，不一定是合編的問題，因此成都所刊印的應如魏了翁所言《論語集注》及《孟子集注》二書而已，並無證據顯示有《大學章句》與《中庸章句》。

　　第三次刊印，束景南先生以爲在南康，他說：「三於紹熙三年刊刻於南康，是爲南康本。」〔註29〕筆者將束景南先生所引用的例子羅列如下，並另作分析，首先是〈答李晦叔〉中引李晦叔之語：

> 先生於《集注》中去卻上句血字及下句氣字，然今南康所刊本又卻仍舊從范說，不知如何？〔註30〕

此處所說的《集注》，從上下文來看指的是《孟子集注》，至於所謂「南康所刊本」亦是指南康所刊的《孟子集注》。又〈答王晉輔〉：

> 《大學》已領，便中卻欲更求十數本，可以分及同志也。《太極》、《西銘》切不須廣，蓋世間已自有本，爲此冗長，無益於事，或徒能相累耳。……此間諸書，南康板本成後，亦無甚大脩改處，不知有黑點子者是何本也？〔註31〕

說「此間諸書」，似是指文中提及之《大學》、《太極》與《西銘》等書，是否還包括其他書，則不可知也。那麼南康刊本中應有《大學章句》一書。又〈答劉德脩〉：

> 某所爲《大學》、《論》、《孟》說，近有爲刻板南康者，後頗復有所

〔註28〕見〔宋〕朱熹著：《晦庵先生朱文公文集》卷55，收入《朱子全書》第23冊，頁2598。

〔註29〕見束景南著：〈《四書集注》編集與刊刻新考〉，收入《朱熹佚文輯考》，頁627。

〔註30〕見〔宋〕朱熹著：《晦庵先生朱文公文集》卷62，收入《朱子全書》第23冊，頁3011。

〔註31〕見〔宋〕朱熹著：《晦庵先生朱文公文集》卷62，收入《朱子全書》第23冊，頁2997。

刊正。〔註32〕

由此可知南康本可證明包括了《大學章句》、《論語集注》、《孟子集注》，然而是否有《中庸章句》，朱熹凡提到南康本者，皆未曾言及，如果有所謂南康本的《四書章句集注》，何以朱熹每言南康本時獨漏《中庸》？又南康毀板之事，朱熹亦只提及《論語》、《孟子》，如〈答黃直卿〉：

> 得曾致虛書云：江東漕司行下南康毀《語》、《孟》板，劉四哥卻云被學官回申不可，遂已。〔註33〕

又〈答孫敬甫〉中亦言：

> 南康《語》、《孟》是後來所定本，然比讀之，尚有合改定處，未及下手。義理無窮，玩之愈久，愈覺有說不到處。然又只是目前事，人自當面蹉過也。《大學》亦有刪定數處，未暇錄去。今只校得《詩傳》一本，并新刻《中庸》一本，與印到《程書》、《祭禮》并往。
>
> 〔註34〕

根據以上的例子來看，刊印南康本時應該有《論語集注》、《孟子集注》與《大學章句》，但後來《大學章句》「未暇錄去」，可能沒有再經過修改或沒有定本，因此後來提到毀板只有《論語集注》和《孟子集注》，而未及《大學章句》，當然《中庸章句》是自始至終從來沒有提到，換言之，朱熹口中所謂的「南康本」，是不包含《中庸章句》的，並不是束景南先生所說合刻的《四書章句集注》。

至於束景南先生所說的第四次刊刻，據其言曰：

> 四於慶元五年刊刻於建陽，是爲定本。紹熙三年以後，朱熹於《四書集注》又多有修改，但因黨禁事起，無從再刻。……可見直至慶元二年未有新刻。是年反道學當朝只言及毀南康板《四書集注》，亦足證南康板以後未有他刻。然魏了翁〈朱氏語孟集注序〉言及輔漢卿贈以朱熹晚年定本《語孟集注》，較之閩浙間書肆所刊（亦即南康板《四書集注》）又十易二三，則慶元二年至朱熹卒之間《四書集注》

〔註32〕見〔宋〕朱熹著：《晦庵先生朱文公別集》卷1，收入《朱子全書》第25冊，頁4846。

〔註33〕見〔宋〕朱熹著：《晦庵先生朱文公續集》卷1，收入《朱子全書》第25冊，頁4653。

〔註34〕見〔宋〕朱熹著：《晦庵先生朱文公文集》卷63，收入《朱子全書》第23冊，頁3064～3065。

應有一刻。《文集》卷六十三〈答孫敬甫〉書六云：「(《大學》) 此段
《章句》、《或問》近皆略有修改，見此刊正舊板，俟可印即寄去，
但難得便，或只寄輔漢卿，令其轉達也。」此書言及「去年嘗與子
約論之，渠信未及，方此辨論，而忽已爲古人。」呂子約卒於慶元
四年，知此答書作於慶元五年，是年刻《大學章句》、《或問》，亦言
輔漢卿得此本，與魏了翁所言正合，則《四書集注》最後一刻應在
慶元五年，以「見此刊正舊板」考之，則刻在建陽。〔註35〕

文中言「輔漢卿得此本」，此本指的是《大學章句》，與《四書章句集注》何
涉？即使與魏了翁所言合，也只有《論語集注》、《孟子集注》與《大學章句》
三書而已，並未言及《中庸章句》。且若有《大學章句》跟《中庸集注》，何
以只贈魏了翁《論語集注》與《孟子集注》，可見此處輔漢卿所得之《大學章
句》與贈魏了翁的《論語集注》與《孟子集注》應不相涉。而這部分束景南
先生的考證可以說是非常薄弱，其所推論者，實在難以令人信服，甚至像文
中言「以『見此刊正舊板』考之，則刻在建陽」，實不知其所據爲何？因此筆
者以爲，最後一次的刊印，應當只有刻贈與魏了翁的《論語集注》與《孟子
集注》。

　　由以上的論述來看，束景南先生所考證的朱熹五次合刻《四書章句集
注》，實際上皆有很大的問題，甚至可以說不成立，我們只能說這五次的刊刻，
實際上是單本書、兩本書或三本書一起刻，倒未見朱熹合刻《四書章句集注》。
當然除了這五次之外，朱熹還有其他時候刊刻了《四書章句集注》的各書或
二書，淳熙四年《論孟集注》剛完成時，便已有所謂的「丁酉本」的《論語
集注》與《孟子集注》，見〈答張元德〉：

　　《語孟或問》乃丁酉本，不之後來改定如何？

　　《論孟集注》後來改定處多，遂與《或問》不甚相應，又無功夫修
　　得《或問》。〔註36〕

《論孟集注》成於《論孟或問》之前，因此《論孟或問》有丁酉本，則《論
孟集注》亦當刻於此時。另外在〈答蔡季通〉中言：

　　《中庸》首章更欲改數處，第二版恐須換卻，第三版卻只刊補亦可。

〔註35〕見束景南著：〈《四書集注》編集與刊刻新考〉，收入《朱熹佚文輯考》，頁 627。
〔註36〕見〔宋〕朱熹著：《晦庵先生朱文公文集》卷 62，收入《朱子全書》第 23 冊，
　　　　頁 2988。

> 然想亦只是此處如此，後來未必皆然也，且催令補了此數版，并《詩傳》示及也。〔註 37〕

此信據陳來先生考定，應成於淳熙十四年，故淳熙十四年左右朱熹曾單獨刊刻《中庸章句》。又如〈答范文叔〉中說：

> 熹舊讀《大學》之書，嘗爲之說，每以淺陋，有所未安，近加訂正，似稍明白。親知有取以鋟木者，今内一通，幸試考之，或有未當，卻望誨喻，然切告勿以示人，益重不韙之罪也。〔註 38〕

據陳來先生考證，此信序於淳熙十六年，蓋由於〈大學章句序〉成於此年之故。此次《大學章句》的單獨刊印，雖未必是朱熹親自刊印，但應是得到朱熹同意後方才進行。另見〈答汪會之〉：

> 所寄《大學》，愧煩刊刻，跋語尤見留意。〔註 39〕

此朱熹請汪會之代爲刊刻《大學章句》，據陳來先生考證：汪會之乃朱熹表親，前引之文中「親知有取以鋟木者」的親知應是指汪會之，〔註 40〕因此《大學章句》單獨刊刻於淳熙十六年無疑。此外此年朱熹還刊刻有《中庸章句》，見〈答蔡季通〉：

> 《中庸章句》比略脩定，不知可旋開否？如欲之，煩二哥帶寫白人來。〔註 41〕

此信陳來先生亦序於淳熙十六年，蓋〈中庸章句序〉亦成於淳熙十六年，故可知此次《中庸章句》的刊刻當在淳熙十六年。

除此之外，在慶元元年朱熹亦另刻有《中庸章句》，見〈答林德久〉：

> 《中庸章句》已刻成，尚欲脩一兩處，以《或問》未罷，亦未欲出，次第更一兩月可了。〔註 42〕

〔註 37〕見〔宋〕朱熹著：《晦庵先生朱文公續集》卷 2，收入《朱子全書》第 25 冊，頁 4697。

〔註 38〕見〔宋〕朱熹著：《晦庵先生朱文公文集》卷 38，收入《朱子全書》第 21 冊，頁 1712。

〔註 39〕見〔宋〕朱熹著：《晦庵先生朱文公文集》卷 64，收入《朱子全書》第 23 冊，頁 3130。

〔註 40〕「汪會之乃朱子表親，本年〈答范文叔〉第一書亦云《大學章句》爲親知鋟木，汪會之當即爲朱子刊刻《大學章句》者。」見陳來著：《朱子書信編年考證》，頁 300。

〔註 41〕見〔宋〕朱熹著：《晦庵先生朱文公續集》卷 2，收入《朱子全書》第 25 冊，頁 4701。

〔註 42〕見〔宋〕朱熹著：《晦庵先生朱文公文集》卷 61，收入《朱子全書》第 23 冊，

陳來序此信於慶元元年，〔註43〕其考證可信，故可知此年朱熹又單獨刊刻《中庸章句》。

　　總之，根據以上的論述，朱熹刊刻自己所作的《四書章句集注》各書，基本上都是以單書或二書一起刊刻，偶有三書合刻的，絕無四書合刻之事，茲將文獻中所能見到的各次刊刻時間列表於下，以彰顯朱熹《四書章句集注》成書的刊印經過：

時　　間	刊　印　之　書	刊　　本
淳熙四年（西元 1177 年）	《論語集注》、《孟子集注》	（丁酉本）
淳熙八、九年（西元 1181、1182 年）	《大學章句》、《中庸章句》	（浙東本）
淳熙十一、二年（西元 1184、1185 年）	《論語集注》	（德慶本）
淳熙十三、四年（西元 1186、1187 年）	《論語集注》、《孟子集注》	（成都本）
淳熙十四年（西元 1187 年）	《中庸章句》	未知
淳熙十六年（西元 1189 年）	《大學章句》、《中庸章句》	未知
紹熙三年（西元 1192 年）	《論語集注》、《孟子集注》、《大學章句》	（南康本）
慶元元年（西元 1195 年）	《中庸章句》	未知
慶元五年（西元 1195 年）	《論語集注》、《孟子集注》	（輔廣贈魏了翁本）

第三節　朱熹所認爲的四書次第

　　談到朱熹《四書章句集注》的內容次第問題，應當分成兩個層面來看，一則就實際上四本書編刻時的順序上來說；二則從朱熹口中所認定的《四書》次第，也就是說朱熹如何看待四本書的順序問題。筆者先就第一點來說明，從本章第一節的論述來看，朱熹口中所稱的「四書」，並不是指他自己所作的《四書章句集注》，即使像《四子書》，束景南先生也已有所考定，認爲並非

頁 2937。

〔註43〕「書云：『近覺向來所論於本原上甚欠工夫，間爲福州學官作一說發此意。』此指《文集》卷八十〈福州州學經史閣記〉，因福州州學教授常濬孫建書閣請記而作，自記作於慶元元年乙卯九月丁亥，故此書當作於乙卯秋冬之際爲近。」見陳來著：《朱子書信編年考證》，頁 390。

《四書章句集注》，總的來說，實際上朱熹生前並未將《四書》一詞當成他自己作的《四書章句集注》的專名。而本章的第二節更進一步論證朱熹生前所刊刻的《四書》，是針對他自己所著的各書來刊刻的。也就說朱熹不是以單本來刊刻，就是兩本或三本一起刻，然而卻從未出現《四書章句集注》「合刻」的情況。基於以上所講兩節的論點，我們可以說完整的合刻本《四書章句集注》在朱熹生前不僅沒有出現過，就連從朱熹口中也沒有聽聞過，因此歷來對於《四書章句集注》的次第問題，或者這麼說，以《大學章句》置首，其次《論語集注》，再其次《孟子集注》，最後才是《中庸章句》這樣順序的《四書章句集注》版本，實際上在朱熹生前根本不存在的，換句話說，如果有所謂的順序問題，那也是後人根據朱熹口中對《四書》的閱讀順序作一揣測，並且在朱熹身後對《四書章句集注》進行符合朱熹之意的編排。那什麼是符合朱熹之意的順序呢？這就是前面說的第二個層面的問題。朱熹對於《四書》的想法，實際上是承襲二程子而來的，他在〈答楊子直〉中說：

> 只如《大學》，據程先生說乃是孔氏遺書，而謂其他莫如《論》、《孟》，則其尊之固在《論語》之右，非熹之私說矣。〔註44〕

又〈書臨漳所刊四子後〉言：

> 河南程夫子之教人，必先使之用力乎《大學》、《論語》、《中庸》、《孟子》之書，然後及乎六經。蓋其難易、遠近、大小之序，固如此而不可亂也。〔註45〕

由此可知，朱熹以為為學當以《四書》為先，然後才讀六經。

至於《四書》的順序問題，應當再分成兩個層面來看：一以閱讀順序言，一以書籍編排順序言。從閱讀順序而言，就《四書》本身來講，應當先讀《大學》，接著是《論語》跟《孟子》，最後才是《中庸》，《朱子語類》中云：

> 學問須以《大學》為先，次《論語》，次《孟子》，次《中庸》。《中庸》工夫密，規模大。〔註46〕

又說：

> 每日看一經外，《大學》、《論語》、《孟子》、《中庸》四書，自依次序

〔註44〕見〔宋〕朱熹著：《晦庵先生朱文公文集》卷45，收入《朱子全書》第22冊，頁2073～2074。
〔註45〕見〔宋〕朱熹著：《晦庵先生朱文公文集》卷82，收入《朱子全書》第24冊，頁3895。
〔註46〕見〔宋〕黎靖德編：《朱子語類》卷14，頁249。

循環看。〔註47〕

從這兩段話都可以很清楚地顯示出《四書》的次序，更進一步來說，朱熹對《四書》的順序是站在爲學的角度上來說的，而爲何以《大學》爲先，我們看朱熹對《大學》一書的看法與態度或許可見一二，他認爲：

> 《大學》是爲學綱目。先通《大學》，立定綱領，其他經皆雜說在裏許。〔註48〕

他強調從《大學》一書入手，正因爲在他眼中《大學》是能讓爲學者在最初先掌握大綱的書，至於其他書的道理都會在這大綱中得到啓發。此外，朱熹還認爲《大學》像是一部學習課程表，學習的次序都已經在其中安排好，只要照著次序踏踏實實地實踐，便能得到效果，他說：

> 《大學》如一部行程曆，皆有節次。今人看了，須是行去。今日行得到何處，明日行得到何處，方可漸到那田地。若只把在手裏翻來覆去，欲望之燕，之越，豈有是理！〔註49〕

說「行程曆」的意義，在於學習不能躐等，須是按照此步驟次序一一去實踐。且看朱熹的另一種比方，或許更能體現朱熹對《大學》的態度，他說：

> 今且須熟究《大學》作間架，卻以他書填補去。〔註50〕

他又說：

> 《大學》是一箇腔子，而今卻要去塡教實著。如他說格物，自家是去格物後，塡教實著；如他說誠意，自家須是去誠意後，亦塡教實著。〔註51〕

也就是說《大學》在朱熹眼中雖然是一個作學問的框架，亦須靠後來的讀書與實踐工夫來塡補，使之充實，但是框架卻須要先架設起來，這就是朱熹如此看重《大學》，而將它列爲《四書》之首的主要原因之一。不過他對《大學》一書雖然看重，但仍只是一個綱要、間架，他說：

> 大抵看《大學》，須先緊著精神領略取大體規模，卻便回來尋箇實下手處著緊用功，不可只守著此箇行程節次，便認作到頭處也。〔註52〕

〔註47〕見〔宋〕黎靖德編：《朱子語類》卷117，頁2813。
〔註48〕見〔宋〕黎靖德編：《朱子語類》卷14，頁252。
〔註49〕見〔宋〕黎靖德編：《朱子語類》卷14，頁251。
〔註50〕見〔宋〕黎靖德編：《朱子語類》卷14，頁250。
〔註51〕見〔宋〕黎靖德編：《朱子語類》卷14，頁251。
〔註52〕見〔宋〕朱熹著：《晦庵先生朱文公文集》〈答鄭子上〉卷56，收入《朱子全

《大學》一書不是盡頭，更非最高的境界，後面工夫的實踐及配合，才是彰顯《大學》一書價值的所在。

　　至於其他三書，朱熹所採取的態度，並非異於《大學》，雖然有先後的順序，但同樣要下工夫去涵養，因此他說：

> 先看《大學》，次《語》、《孟》，次《中庸》。果然下工夫，句句字字，涵泳切己，看得透徹，一生受用不盡。只怕人不下工，雖多讀古人書，無益。書只是明得道理，卻要人做出書中所說聖賢工夫來。若果看此數書，他書可一見而決矣。〔註53〕

由此可知《四書》在朱熹眼中同樣重要，不過，朱熹認為《四書》有不同的功用，也有不同的優點，對於學習者來說，各自有獨特的地位，他說：

> 某要人先讀《大學》，以定其規模；次讀《論語》，以立其根本；次讀《孟子》，以觀其發越；次讀《中庸》，以求古人之微妙處。《大學》一篇有等級次第，總作一處，易曉，宜先看。《論語》卻實，但言語散見，初看亦難。《孟〔子〕》有感激興發人心處。《中庸》亦難讀，看三書後，方宜讀之。〔註54〕

「定其規模」、「立其根本」、「觀其發越」、「求古人之微妙處」，此四者除了是《四書》對學習者的作用外，同時也是觀讀《四書》時可以達致的效果。如果以這樣的角度來看，顧歆藝先生認為朱熹是「把四部書作為一個整體來看待的，強調的是它們在一起，而不是彼此的順序。」〔註55〕的說法是可以成立的，但是實際上，朱熹直到晚年，仍堅持《大學》、《論語》、《孟子》、《中庸》的順序，只是他見學者入門不易，因而有變通的說法，他在〈答黃直卿〉一文中說道：

> 《大學》，諸生看者多無入處，不如看《語》、《孟》者漸見次第，不知病在甚處，似是規模太大，令人心量包羅不得也。〔註56〕

從這裡看起來好像朱熹已經放棄他原有對《四書》次序的看法，然而在他〈答

　　書》第 23 冊，頁 2678。

〔註53〕見〔宋〕黎靖德編：《朱子語類》卷 14，頁 249。

〔註54〕見〔宋〕黎靖德編：《朱子語類》卷 14，頁 249。

〔註55〕見顧歆藝著：《四書章句集注研究》（北京：北京大學中國語言文學研究所博士論文，1999 年 5 月），頁 120。

〔註56〕見〔宋〕朱熹著：《晦庵先生朱文公續集》卷 1，收入《朱子全書》第 25 冊，頁 4654～4655。

潘子善〉一文中又說：

> 如《大學》、《語》、《孟》、《中庸》則須循環不住溫習，令其爛熟爲
> 佳。〔註57〕

則所言次序仍未改變，故可以知道〈答黃直卿〉中所說的只是一種變通，怕
學生無法理解《大學》的說法，立不得「規模」，所以才稍稍改變一下，建議
學生從「根本」讀起，並非朱熹已經不注重閱讀《四書》的次序了，所以朱
熹的學生黃榦在〈朝奉大夫文華閣待制贈寶謨閣直學士通議大夫謚文朱先生
行狀〉中仍然這樣說：

> 先生教人以《大學》、《語》、《孟》、《中庸》爲入道之序，而後及諸
> 經。以爲不先乎《大學》，則無以提綱挈領而盡《論》、《孟》之精微；
> 不參之以《論》、《孟》，則無以融會貫通而極《中庸》之旨趣；然不
> 會其極於《中庸》，則何以建立大本，經綸大經而讀天下之書、論天
> 下之事哉？〔註58〕

這應該是朱熹一生教人讀《四書》的重要觀點，否則黃榦如何會在朱熹死後
寫行狀時，仍如此強調，甚至爾後告人時，仍以朱熹之說爲言，如〈復李公
晦書〉中說：「四子之序，以《大學》、《語》、《孟》、《中庸》爲次。」〔註59〕
因此不能遽以朱熹變通之說便以爲朱熹不注重《四書》之序。

　　至於筆者前面提到的另一個層面的問題便是《四書》的編排次序，顧歆
藝先生說：「讀書次序並不等於書籍編排次序，因此我們沒有必要認爲朱熹
對《四書章句集注》煞費苦心地排過次序，因而深究其中的『微言大義』。」
〔註60〕但從另一個角度來說，儘管朱熹未必眞有「煞費苦心地排過次序」，
但仍需要對他《四書》的編排次序觀有所論證與認知，以確認朱熹對於《四
書》重視與關懷的原因，所以筆者前面兩節對此便加以詳細論述之，而從論
述中得知朱熹口中的《四書》是指原本的《四書》而非他自著的《四書章句
集注》，加上朱熹生前亦未曾將他自著的《四書章句集注》合編刊刻，因而
雖有所謂的次序問題，但不是書籍的編排次序是可以確定的，更何況書籍的

〔註57〕見〔宋〕朱熹著：《晦庵先生朱文公文集》卷60，收入《朱子全書》第23冊，
　　　　頁2920。
〔註58〕見〔宋〕黃榦著：《黃勉齋先生文集》（臺北：青山書屋，1957年5月），頁
　　　　185。
〔註59〕見〔宋〕黃榦著：《黃勉齋先生文集》，頁24。
〔註60〕見顧歆藝著：《四書章句集注研究》，頁121。

編排次序不見得會影響我們的閱讀次序，排在後面的書可以先閱讀，擺在前面的書，不也可以晚點讀嗎？所以《四庫全書總目》說：「非宏旨所關，不必定復其舊。」〔註61〕總之，朱熹說的《四書》是針對「原本」而言，非指其所著的《四書章句集注》，而且既然無所謂的「《四書章句集注》合刻本」，那麼《四書》的次序指的是閱讀次序，而非所謂的書籍編排次序，因此朱熹生前應當也就沒有「以《大學》爲首，《論語》、《孟子》爲次，《中庸》爲末」這樣版本的《四書章句集注》才是。

〔註61〕見〔清〕紀昀等著：《四庫全書總目》卷35，頁727。

第五章　結　論

　　前面我們已經對朱熹注解《四書》的過程，作了相當程度的分析，一方面從朱熹的詮釋歷程中看到他思想的轉變與躍進，一方面又看到他為了擺脫既有觀念，因此從認識道德實踐與修養工夫的實踐理性上面著手，進行一連串討論與思考，並將之訴諸於文字，以作為他後來詮釋《四書》或完成《四書章句集注》時的理論依據。我們透過這樣的分析之後，可以發現朱熹完成《四書章句集注》的整個過程，所展現的不僅僅是一位經學家、理學家或哲學家的風範，其背後所包含的還有文獻學家的實事求是，以及作為一個人追求主體崇高道德修養的實踐家精神。

（一）注重文獻整理

　　雖然朱熹向來被認定是理學家，但從他詮釋《四書》的過程裡，可以發現其極富文獻家精神的方法。根據朱熹自己的說法，他對於考證的工作是充滿著興趣的，他在〈答孫季和〉中說：

　　　讀書玩理外，考證又是一種工夫，所得無幾而費力不少，向來偶自
　　　好之，固是一病，然亦不可謂無助也。〔註1〕

而朱熹所說「考證」一詞，如果我們用廣義考證學的角度來解讀的話，實際上注解也可以算是其中的一部分。〔註2〕而這樣的工作除了細密的觀察與組織

〔註1〕見〔宋〕朱熹著：《晦庵先生朱文公文集》卷54，收入《朱子全書》第23冊，頁2538。

〔註2〕考證一辭，諸說紛紜，莫衷一是，故大陸學者漆永祥總結地說：「如果總前人之論及乾嘉考據學家所治之學來看，筆者認為，考據學是對傳統古文獻的考據之學，包括對傳世古文獻的整理、考訂與研究，是古文獻學的主幹學科。

能力，以及通貫博學外，文獻的蒐集與整理工作是絕對不可少的，因此看朱熹先將當時《論語》、《孟子》、《大學》的相關注解，蒐集起來成爲《論語說》、《孟子集解》以及《大學集解》，其實就是一種文獻的蒐集與整理工夫，也正是考證的初步工作。當代文獻學家張舜徽曾說：

> 竊嘗以爲整理文獻，必先於群經傳注之得失，諸史記載之異同、子集之支分派別，辨其源流，明其體統，然後能識古書之真偽……若於此類全無所知，遽談古籍整理，將見其昏昏冥冥，不解何從下手也。〔註3〕

所以此一初步工作，基本上是一種爲了明「傳注之得失」的準備，如果沒有這一層準備，則遑論文獻整理或注解經書，朱熹曾說：

> 凡看文字，諸家說異同處最可觀。某舊日看文字，專看異同處。如謝上蔡之說如彼，楊龜山之說如此，何者爲得？何者爲失？所以爲得者是如何？所以爲失者是如何？〔註4〕

因此，爲了將各家之說的得失作一個完整的釐清，所以朱熹使用這種最基本的文獻學工夫來當成他注解《四書》的第一步，唯有釐清各家注解的得失，才能夠掌握方向，作出合理而正確的注解來。

注解經書的工作，從古代文獻的形成來看，實際上它只能說是「述」而非「作」或「著」，當代文獻學家杜澤遜說：

> 著作，強調的是「無本於前」、「前始未有」，那麼「述」也就是「古已有之」，有所承因。……可見這種因循還不能止於簡單的繼承，對於前人的創造，要有個消化過程、理解領會過程，在領會過程中，可能還會有所增益，使之更完整。或有所刪訂，使之更正確。對那些漸趨隱晦的道理，還要作一番探微索隱工作，古人所作的大量注釋，實際上就屬於索隱工作。凡此，皆謂之述。有時述的難度，甚至不亞於作。「作者之謂聖，述者之謂明」，難就難在「明」上，這

其學包括文字、音韻、訓詁、目錄、版本、校勘、辨偽、輯佚、注釋、名物典制、天算……樂律等學科門類，相對於古文獻學而言，考據學一般不包括義理之學，但比今天學術界所常說的考據學廣泛複雜得多。」見漆永祥著：〈乾嘉考據學研究・前言〉（北京：中國社會科學出版社，1998年12月），頁2。

〔註3〕 見張舜徽著：〈文獻學論著輯要・序〉，收入《張舜徽學術文化隨筆》（北京：中國青年出版社，2001年9月北京第1版），頁260～261。

〔註4〕 見〔宋〕黎靖德編：《朱子語類》卷104，頁2615。

個「明」是要求準確領會其本義，而不能主觀臆斷。〔註5〕

從這段話來看，實際上「述」所追求的是「準確」，換句話說，注解經書所要作的工作是必須不臆不測，務求達於經書本身的意旨，如此才算真正作到了「述」。而從朱熹注解《四書》的過程可以得知，他除了一開始著手收集各家注解之外，他還不斷地對這些收集來的注解進行整理，並且加以增刪，例如像從《論語說》刪改而成的《論語要義》，以及以《論語要義》與《孟子集解》為主幹，加上後來附益上去的「九家之說」〔註6〕所編成的《論孟精義》，都顯示出他正式注解《四書》之前所作的工作，都是為了將所讀所見加以篩選並抽離出來，這對朱熹後來的注解工作，產生了極大的影響，因為收集了這些前儒的注解，可以看出其中的精微與不足處，以此作為基礎，正可吸收前人的優點與改正其缺點，而且這麼作也可以排除某些主觀的臆斷。總之文獻收集的準備工作，是朱熹在注解經書時一個最根本的步驟，正因有此步驟的奠定，才能成就其《四書章句集注》的宏大規模。然而要說朱熹已經完全排除了主觀臆斷似乎是不可能的，朱熹自己也應該意識到這種情況，所以為了更準確而客觀地注解經書，他採取了其他的方法來彌補，例如掌握經書的綱領。

（二）注重綱領的掌握

在本文第三章中筆者已經將朱熹對《四書》的注解過程作了一番論述，其中提到有關朱熹的讀書方法是先掌握主要內容，亦即所謂的大本大原處或大綱道理，實際上這便是朱熹特別重視《大學》一書的原因，當然這種態度也落實到朱熹注解《四書》上，換句話說，在《論語》一書中重視仁的解說，並因此將仁的觀念單獨抽離出來作了〈仁說〉；在《中庸》一書中強調「中和」及「已發未發」的精神，並將之獨立提出來作了〈中和舊說〉與〈已發未發說〉等；而在《孟子》一書中看到「盡心」觀念的重要，因而作了〈盡心說〉，這就是朱熹掌握綱領的一種「前解釋」，以這樣的「前解釋」來當作基礎，並從此展延其思想於《四書章句集注》中，德國哲學家阿斯特（G.A.F.Ast）曾說：

〔註5〕　見杜澤遜著：《文獻學概要》（北京：中華書局，2002年4月北京第2刷），頁38～39。

〔註6〕　〈論孟精義序〉：「既又取夫學之有同於先生者，若橫渠張公、范氏、二呂氏、謝氏、游氏、楊氏、侯氏、尹氏，凡九家之說以附益之，名曰《論孟精義》。」見〔宋〕朱熹著：《晦庵先生朱文公文集》卷75，收入《朱子全書》第24冊，頁3630。

一切理解和認識的基本原則就是在個別中發現整體精神，和通過整
體領悟個別。〔註7〕

朱熹從仁、中和、盡心等來理解《論語》、《中庸》以及《孟子》，正是從個別
發現整體精神的一種實踐，維持這種原則對於朱熹注解《四書》時，有非常
重要的意義，這種意義彰顯於注解過程中的思想突破，換言之，朱熹在必須
無師自通的情形下，先對這些綱領掌握住，以擺脫先前自我觀念與思想的枷
鎖，並進一步對《四書》有整體的理解與詮釋。

（三）兼論修養工夫的注解

認識了朱熹注解《四書》的思想突破方式後，我們還可以從《四書章句
集注》中的引用與《四書或問》的問答相較，或與《朱子語類》的言論比較，
基本上是能顯現出朱熹不斷修改《四書章句集注》的目的，除了對自我思想
的挑戰外，其最主要的是朱熹注解《四書》思想的轉變，從文義的解釋到揣
度聖人之心，甚至更進一步轉成對修養工夫的注重。這種轉變與其說是對書
本的不同詮釋，還不如說是朱熹愈來愈強調道德實踐的重要，換句話說，朱
熹在《四書章句集注》中彰顯認識道德實踐理性的重要，並結合平日的實踐
工夫，以求同於聖人之境。

（四）《四書》之名義與《四書章句集注》合刻與否之論

一般我們都認為朱熹是首先將《四書》提高成為經典的學者，朱熹的《四
書章句集注》也在中國宋代以後成為士子參加科舉考試必讀的書籍，然而朱
熹口中的《四書》之名，其實指的只是泛稱的《四書》而非他自己所著的《四
書章句集注》，這樣的說法從朱熹的文集與《朱子語類》中可以得到證實，同
時朱熹生前在臨漳所刊的《四子書》，亦已經束景南先生證明為非《四書章句
集注》，因此《四書》之名當為泛稱之名，非專指《四書章句集注》無疑。再
則《四書章句集注》在朱熹生前有多次刊刻，但是這許多次的刊刻完全是各
書的單獨刊刻，或者二書合刻，在朱熹相關的文獻資料中，並無四書合刻的
論述，雖然束景南先生振振有詞地說有五次合刻，但其論證似有不足處，亦
多有太過理所當然般的推論，因此筆者據朱熹的相關文獻來論證其《四書章
句集注》並未合刻，並列表說明其各次刊刻之時間。

〔註7〕 見洪漢鼎編譯：《詮釋學經典文選》（臺北：桂冠圖書股份有限公司，2005 年
5 月再版 1 刷），頁 7。

（五）《四書》的次第問題

歷來對於朱熹《四書章句集注》的編排順序有許多說法，如果從文獻的
形成角度來看，書籍的編排順序有時可能代表著作者對於書籍重要性順序的
觀點，因此《四書章句集注》的編排順序似乎對於我們了解朱熹對此的觀點
有所幫助，不過由於《四書》之名在朱熹口中是泛稱，加上朱熹生前亦未合
刻過《四書章句集注》，因而筆者據此以推論《四書章句集注》的編排次序在
朱熹生前並無定論，之所以有《大學》、《論語》、《孟子》、《中庸》這樣的順
序之說，其實是後人根據朱熹閱讀《四書》的順序來編排《四書章句集注》
的，換句話說，所謂的《四書》的順序是指閱讀的順序，而非書籍的編排次
序。

此篇論文所關注者多圍繞於《四書章句集注》外延之文獻考證工作中，
僅有一個章節在討論朱熹完成《四書章句集注》的內在思想，雖然筆者是將
文獻作為研究的主軸，但是文獻研究的目的並不是在於文獻的本身，而是希
望透過文獻的整理與研究來拓展學術的深度與廣度，因此對於朱熹的《四書
章句集注》所蘊含的內在思想，包括其思想源流與對往後的影響，應當投注
更多的心力於其中，這不僅是展望，更是這一篇論文較為薄弱之處，也是筆
者在從事研究過程裡所感覺到不足的地方。因此往後對於朱熹《四書章句集
注》或者他的其他作品研究，除了繼續投入於文獻的考證工作外，應當花費
更多的心力與時間在研究朱熹作品的內在理路中，如此才能做到研究工作的
「內外兼修」。

參考書目

一、原典類

1. 《朱子全書》（共 27 冊），〔宋〕朱熹著，上海：上海古籍出版社、合肥：安徽教育出版社聯合出版，2002 年 12 月第 1 版。

2. 《景印宋刊本晦庵先生文集》，〔宋〕朱熹著，臺北：國立故宮博物院，1982 年。

3. 《朱子語類》，〔宋〕黎靖德類編，北京：中華書局，1994 年 3 月第 1 版，1999 年 6 月北京第 4 刷。

4. 《二程全書》，〔宋〕朱熹輯，臺北：臺灣中華書局，1986 年 8 月臺四版，四部備要排印本。

5. 《南軒集》，〔宋〕張栻著，臺北：廣學社印書館，1975 年 6 月。

6. 《中庸輯略》，〔宋〕石𡼖編，〔宋〕朱熹刪定，收入《景印文淵閣四庫全書》第 198 冊，臺北：臺灣商務印書館，1983 年。

7. 《黃勉齋先生文集》，〔宋〕黃榦著，臺北：青山書屋，1957 年 5 月。

8. 《雲莊集》，〔宋〕劉爚著，收入《景印文淵閣四庫全書》第 1157 冊，臺北：臺灣商務印書館，1983 年。

二、古籍善本類

1. 《大學章句一卷》，〔宋〕朱熹著，元刊本。

2. 《大學章句一卷》，〔宋〕朱熹著；〔明〕秦鑌訂正，明崇禎十三（庚辰）年（1640）錫山秦氏刊本。

3. 《大學或問二卷》（存下卷），〔宋〕朱熹著，元刊公文紙印本。

4. 《中庸章句一卷》，〔宋〕朱熹著；〔明〕秦鑌訂正，明崇禎十三（庚辰）

年（1640）錫山秦氏刊本。

5. 《四書集注二十六卷》，〔宋〕朱熹著，清武英殿覆宋淳祐刊本。

三、古代目錄及類書類

1. 《郡齋讀書志》，〔宋〕晁公武著，臺北：臺灣商務印書館，1978 年 1 月臺一版。

2. 《直齋書錄解題》，〔宋〕陳振孫著，臺北：臺灣商務印書館，1978 年 5 月臺一版。

3. 《宋史・藝文志》，〔元〕脫脫等著，臺北：臺灣商務印書館，1988 年 1 月臺六版。

4. 《文獻通考》，〔元〕馬端臨撰，杭州：浙江古籍出版社，2000 年 1 月第 2 版。

5. 《經義考》，〔清〕朱彝尊撰，北京：中華書局，1998 年 11 月第 1 版。

6. 《四庫全書總目》，〔清〕紀昀等著，臺北：藝文印書館，2005 年 10 月初版 8 刷。

7. 《玉海》，〔宋〕王應麟著，收入《景印文淵閣四庫全書》第 943～948 冊，臺北：臺灣商務印書館，1983 年。

四、年譜及年表類

1. 《東方年表》，〔日〕藤島達朗、野上俊靜合編，京都：平樂寺書店，1955 年。

2. 《朱子門人》，陳榮捷著，臺北：臺灣學生書局 1982 年 3 月初版。

3. 《朱子年譜》，〔清〕王懋竑撰；周茶仙點校，吳長庚主編，南昌：江西高校出版社，2000 年 10 月。

4. 《朱熹年譜長編》，束景南著，上海：華東師範大學出版社，2001 年 9 月第 1 版。

5. 《宋元明清儒學年表》，〔日〕今關壽，編撰，北京：北京圖書館出版社，2002 年 10 月初版第 2 刷。

五、學案類

1. 《增補宋元學案》，〔清〕黃宗羲撰，全祖望補訂，臺北：臺灣中華書局，1984 年 10 月臺三版。

2. 《考亭淵源錄》，〔明〕宋端儀撰，薛應旂重輯，四庫全書存目叢書編纂委員會編，臺南：莊嚴文化事業公司，1996 年。

六、近現代專書類

1. 《中國文獻學》，張舜徽著，許昌：中州書畫社，1982 年 12 月。

2. 《論語集注考證》，〔元〕金履祥著，收入《叢書集成初編》，北京：中華書局，1985 年北京新 1 版。

3. 《宋明理學研究》，張立文著，北京：中國人民大學出版社，1985 年 7 月第 1 版。

4. 《朱學論集》，陳榮捷著，臺北：臺灣學生書局，1988 年 4 月增訂再版。

5. 《朱子新探索》，陳榮捷著，臺北：臺灣學生書局 1988 年 4 月初版。

6. 《朱子書信編年考證》，陳來著，上海：上海人民出版社，1989 年 4 月。

7. 《朱子學研究》，鄒永賢主編，廈門：廈門大學出版社，1989 年 5 月第 1 版。

8. 《朱子新學案》，錢穆著，臺北：三民書局，1989 年 11 月 3 版。

9. 《朱熹佚文輯考》，束景南著，南京：江蘇古籍出版社，1991 年 12 月第 1 版。

10. 《朱子哲學思想的發展與完成》，劉述先著，臺北：臺灣學生書局，1995 年 8 月增訂三版。

11. 《中國心性論》，蒙培元著，臺北：臺灣學生書局，1996 年 3 月初版 2 刷。

12. 《宋明理學史》，侯外廬、邱漢生、張豈之主編，北京：人民出版社，1997 年 10 月 2 刷。

13. 《海峽兩岸論朱熹》，武夷山朱熹研究中心編，廈門：廈門大學出版社，1998 年 1 月。

14. 《理學範疇系統》，蒙培元著，北京：人民出版社，1998 年 5 月初版 2 刷。

15. 《乾嘉考據學研究》，漆永祥著，北京：中國社會科學出版社，1998 年 12 月。

16. 《宋人別集敘錄》，祝尚書著，北京：中華書局，1999 年 11 月第 1 版。

17. 《朱熹的史學思想》，湯勤福著，濟南：齊魯書社，2000 年 1 月初版。

18. 《朱子哲學研究》，陳來著，上海：華東師範大學出版社，2000 年 9 月第 1 版。

19. 《朱熹哲學論叢》，曾春海著，臺北：文津出版社，2001 年 3 月 1 刷。

20. 《心體與性體（第三冊）》，牟宗三著，臺北：正中書局，2001 年 3 月臺初版十二刷。

21. 《張舜徽學術文化隨筆》，張舜徽著，周國林編，中國青年出版社 2001 年 9 月。

22. 《詮釋學——它的歷史和當代發展》，洪漢鼎著，北京：人民出版社，2001 年 9 月第 1 版。

23. 《紀念朱熹誕辰 870 周年逝世 800 周年論文集》，朱杰人主編，上海：華東師範大學出版社，2001 年 11 月。

24. 《朱熹思想研究》，張立文著，北京：中國社會科學出版社，2001 年 12 月 2 版 1 刷。

25. 《理解事件與文本意義》，李建盛著，上海：上海譯文出版社，2002 年 3 月。

26. 《文獻學概要，杜澤遜著》，北京：中華書局，2002 年 4 月北京第 2 刷。

27. 《朱子學的開展——學術篇》，鍾彩鈞主編，臺北：漢學研究中心 2002 年 6 月。

28. 《宋明理學》，蔡仁厚著，臺北：臺灣學生書局，2002 年 8 月初版 8 刷。

29. 《中國古文獻學史簡編》，孫欽善著，北京：高等教育出版社，2002 年 9 月二刷。

30. 《古書版本常談》，毛春翔著，上海：上海古籍出版社，2003 年 4 月第一版第三刷。

31. 《朱熹的歷史世界》，余英時著，臺北：允晨文化實業股份有限公司，2003 年 6 月初版。

32. 《文獻及語言知識與經典詮釋的關係》，葉國良編，臺北：財團法人喜瑪拉雅研究發展基金會，2003 年 12 月。

33. 《永樂大典方志輯佚》，馬蓉、陳抗、鍾文、欒貴明、張忱石點校，北京：中華書局，2004 年 4 月第 1 版。

34. 《朱熹經學與中國經學》，蔡方鹿著，北京：人民出版社，2004 年 4 月初版。

35. 《中日《四書》詮釋傳統初探》，黃俊傑編，臺北：國立臺灣大學出版中心，2004 年 8 月初版。

36. 《詮釋學經典文選》，洪漢鼎編譯，臺北：桂冠圖書股份有限公司，2005 年 5 月再版 1 刷。

37. 《宋明理學概述》，錢穆著，臺北：素書樓文教基金會，蘭臺出版社聯合出版，2005 年 6 月 2 版。

七、現代論著目錄類

1. 《朱子學研究書目》，林慶彰主編，臺北：文津出版社，1992 年 5 月出版。

2. 《朱子研究書目新編》，吳展良編，臺北：臺灣大學出版中心，2005 年 1 月初版。

八、現代圖錄類

1. 《國立中央圖書館宋本圖錄》，國立中央圖書館編輯，臺北：中華叢書委員會，1958 年 7 月。

2. 《中國國家圖書館古籍珍品圖錄》，任繼愈主編，北京：北京圖書館出版

社，1999 年 9 月第一版。

3. 《清代內府刻書圖錄》，翁連溪編，北京：北京出版社，2004 年 4 月第一版。

九、學位論文類

1. 〈四書章句集注研究〉，顧歆藝著，北京：北京大學中國語言文學研究所博士論文，1999 年 5 月，金開誠指導。

2. 〈朱子對《論語》的詮釋〉，鄧秀梅撰，臺北：文化大學哲學研究所碩士論文，1994 年 6 月，楊祖漢指導。

十、期刊類

1. 〈《四書章句集注》版本考略〉，徐德明撰，華東師範大學學報（哲學社會科學版）1998 年第 4 期（總 138 期）。

2. 〈朱熹與四書集注〉，董金裕撰，國立政治大學學報（人文學科類），1995 年第 70 期（上）。

3. 〈朱熹《四書》次序考論〉，郭齊撰，四川大學學報（哲學社會科學版）2000 年第 6 期。

4. 〈朱熹《四書》解釋方法論〉，周光慶撰，孔子研究，2000 年第 6 期。

5. 〈《四書章句集注》成書考略〉，顧歆藝撰，收入《北京大學百年國學文萃·語言文獻卷》，北京大學中國傳統文化研究中心編，北京：北京大學出版社，1998 年 5 月。

6. 〈談《四書》原來的編次：大學論語孟子中庸〉，程元敏，孔孟月刊，5 卷 3 期（總 51 期），1966 年 11 月。

附　圖

圖 1：宋嘉定十年至淳祐十二年當塗郡齋刻遞修本《四書章句集注》

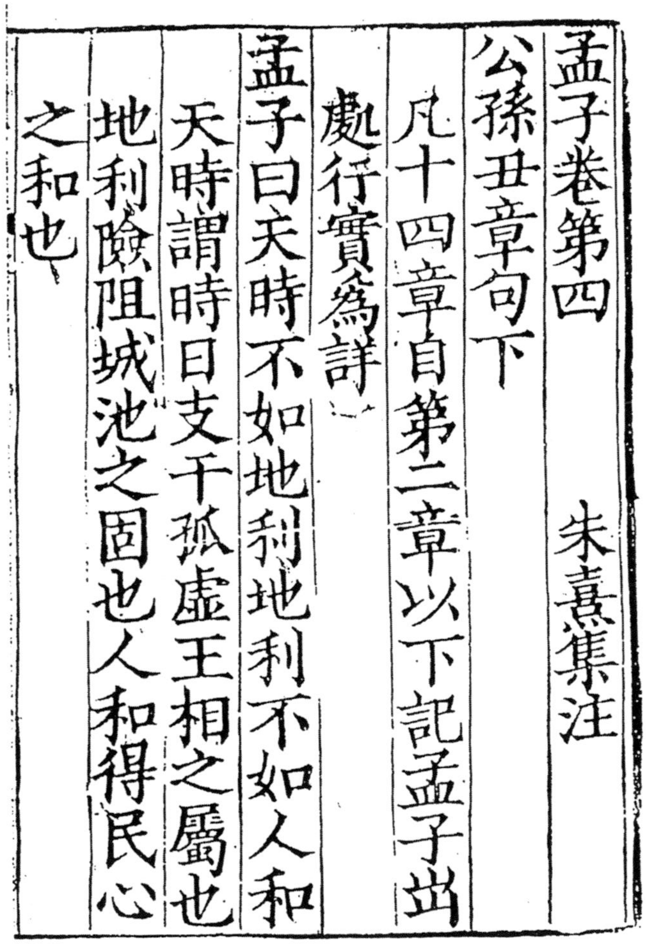
孟子卷第四

公孫丑章句下　　朱熹集注

凡十四章自第二章以下記孟子出

處行實爲詳

孟子曰天時不如地利地利不如人和

天時謂時日支干孤虛王相之屬也

地利險阻城池之固也人和得民心

之和也

圖 2：宋刊本《孟子集注》

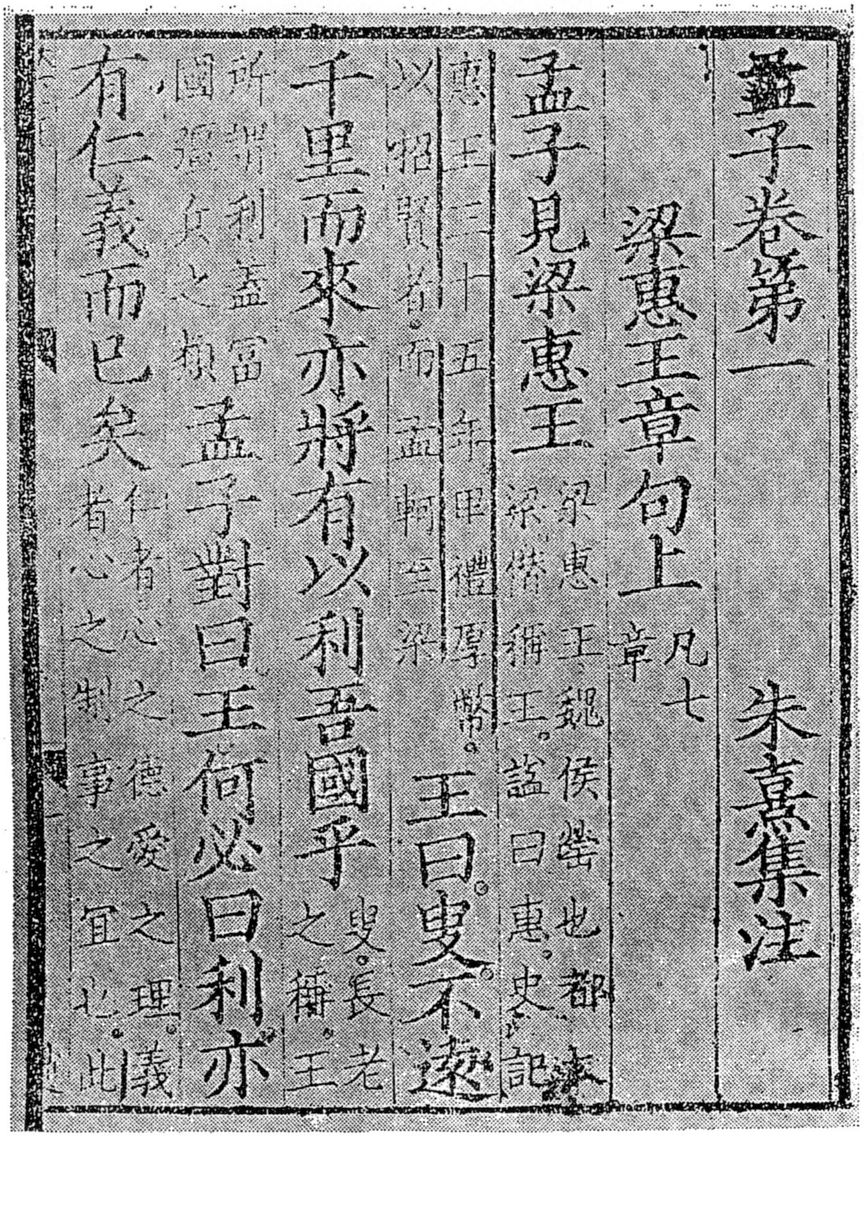

孟子卷第一　朱熹集注

梁惠王章句上　凡七章

孟子見梁惠王。梁惠王，魏侯罃也。都大梁，僭稱王，謚曰惠。史記惠王三十五年，卑禮厚幣，以招賢者，而孟軻至梁。王曰：叟不遠千里而來，亦將有以利吾國乎？叟，長老之稱。王所謂利，蓋富國彊兵之類。孟子對曰：王何必曰利？亦有仁義而已矣。仁者，心之德、愛之理；義者，心之制、事之宜也。此

孟子集註十四卷十四册

圖3：元上虞泳澤書院修補燕山嘉氏覆宋本《四書章句集注》

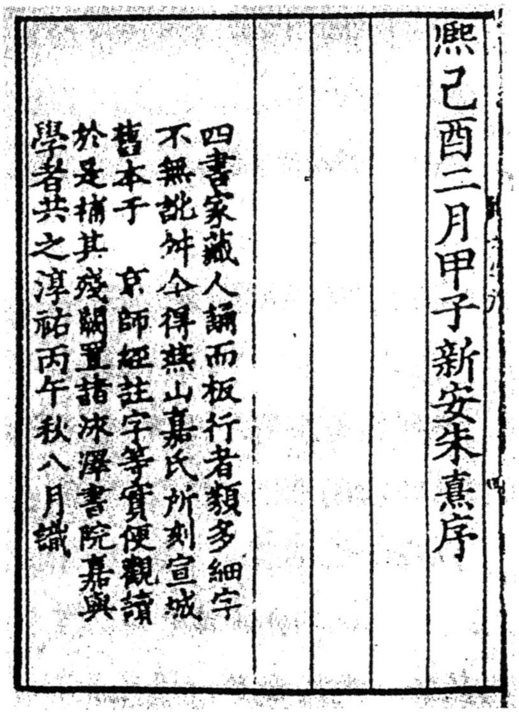

熙己酉二月甲子新安朱熹序

四書家藏人誦而板行者類多細字
不無舛仝今得燕山嘉氏所刻宣城
舊本于　京師經註字等實便觀誦
於是摭其殘闕置諸泳澤書院嘉興
學者共之淳祐丙午秋八月識

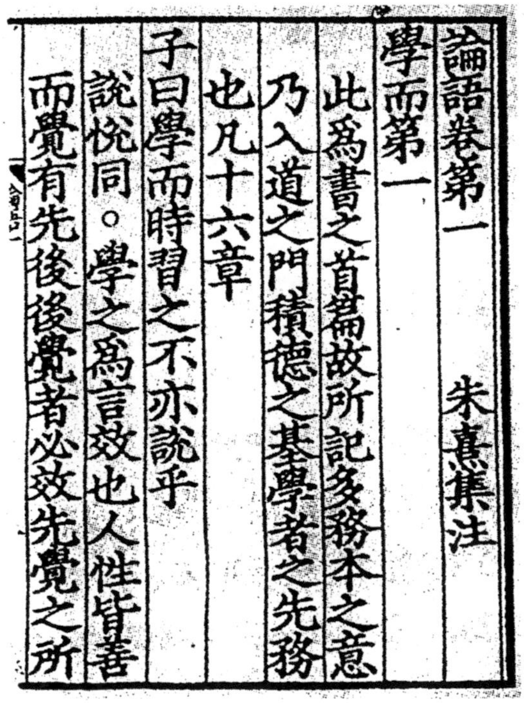

論語卷第一　朱熹集注

學而第一

此為書之首篇故所記多務本之意
乃入道之門積德之基學者之先務
也凡十六章

子曰學而時習之不亦說乎

說悅同。學之為言效也人性皆善
而覺有先後後覺者必效先覺之所

圖4：元刊本《大學章句》

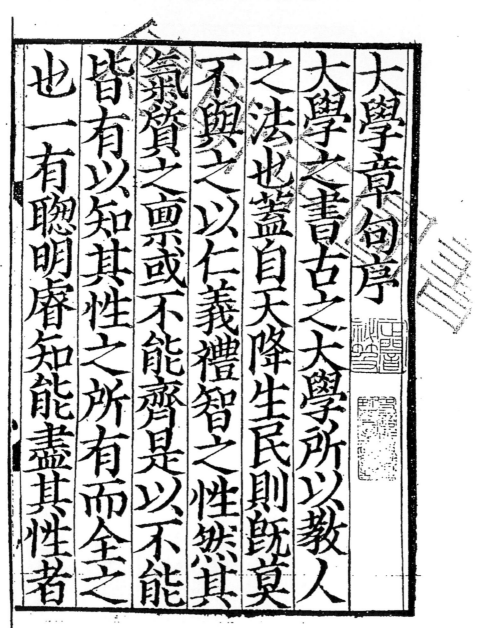

圖 5：元刊本《大學章句》

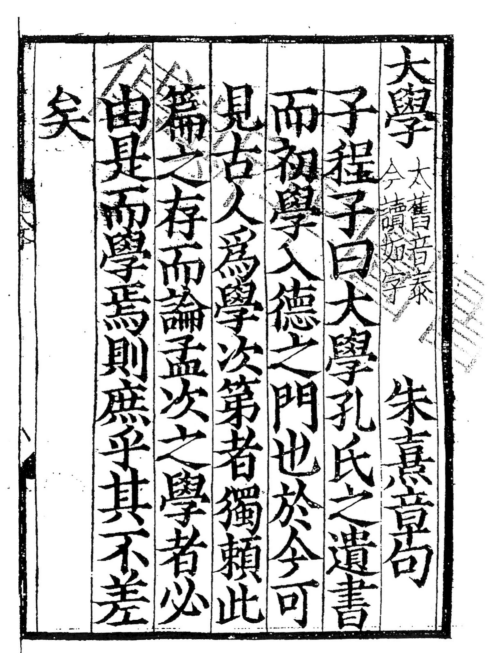

圖 6：明正統十二年（1447）司禮監刻本《論語集注》

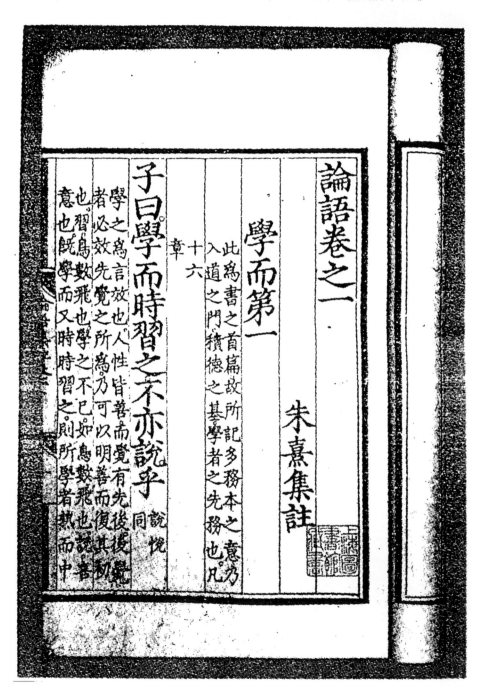

圖7：明崇禎十三年（1640）錫山秦氏刊本《大學章句》

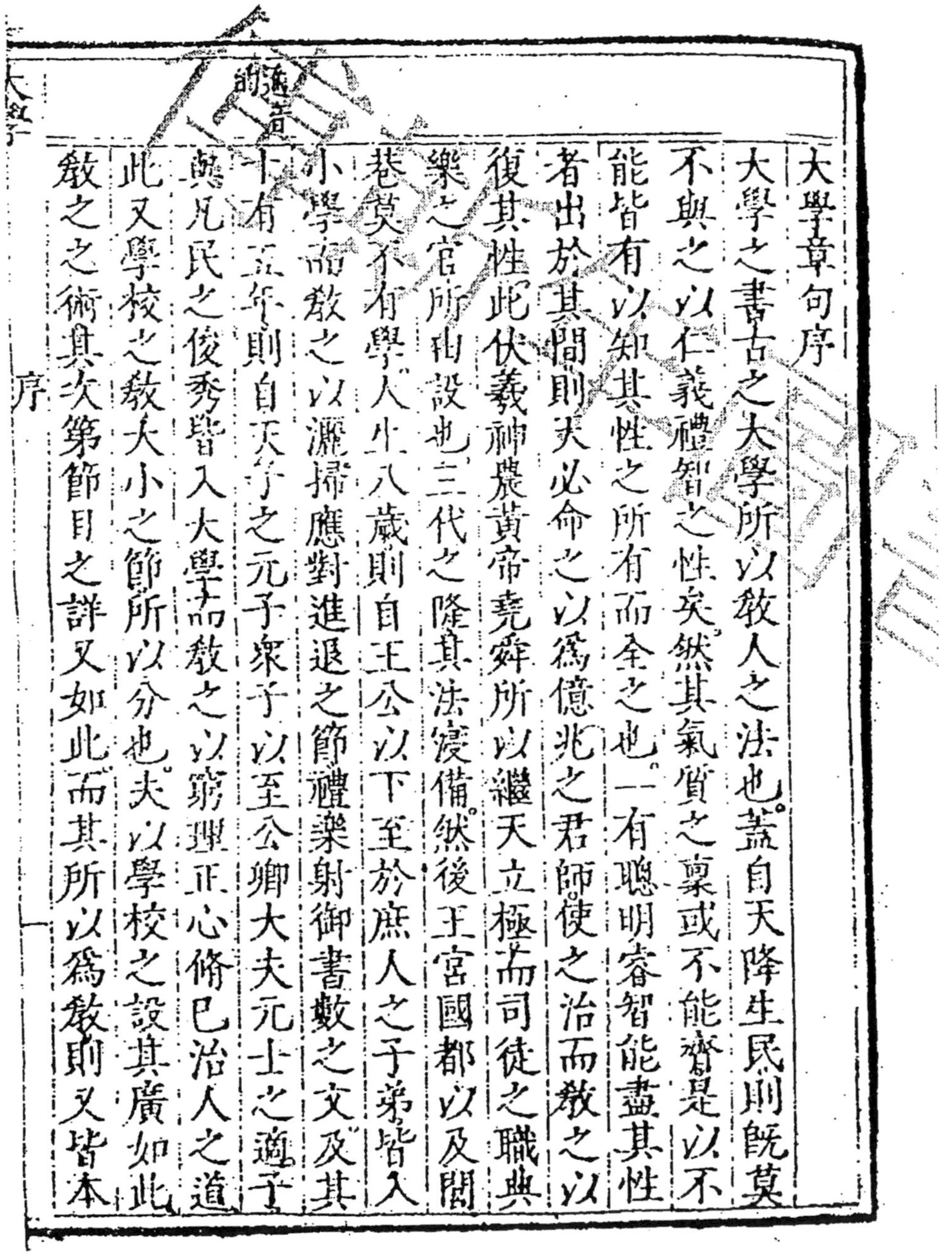

大學章句序

大學之書古之大學所以教人之法也蓋自天降生民則既莫
不與之以仁義禮智之性矣然其氣質之稟或不能齊是以不
能皆有以知其性之所有而全之也一有聰明睿智能盡其性
者出於其間則天必命之以爲億兆之君師使之治而教之以
復其性此伏羲神農黄帝堯舜所以繼天立極而司徒之職典
樂之官所由設也三代之隆其法浸備然後王宮國都以及閭
巷莫不有學人生八歲則自王公以下至於庶人之子弟皆入
小學而教之以灑掃應對進退之節禮樂射御書數之文及其
十有五年則自天子之元子衆子以至公卿大夫元士之適子
與凡民之俊秀皆入大學而教之以窮理正心修己治人之道
此又學校之教大小之節所以分也夫以學校之設其廣如此
教之之術其次第節目之詳又如此而其所以爲教則又皆本

圖 8：明崇禎十三年（1640）錫山秦氏刊本《大學章句》

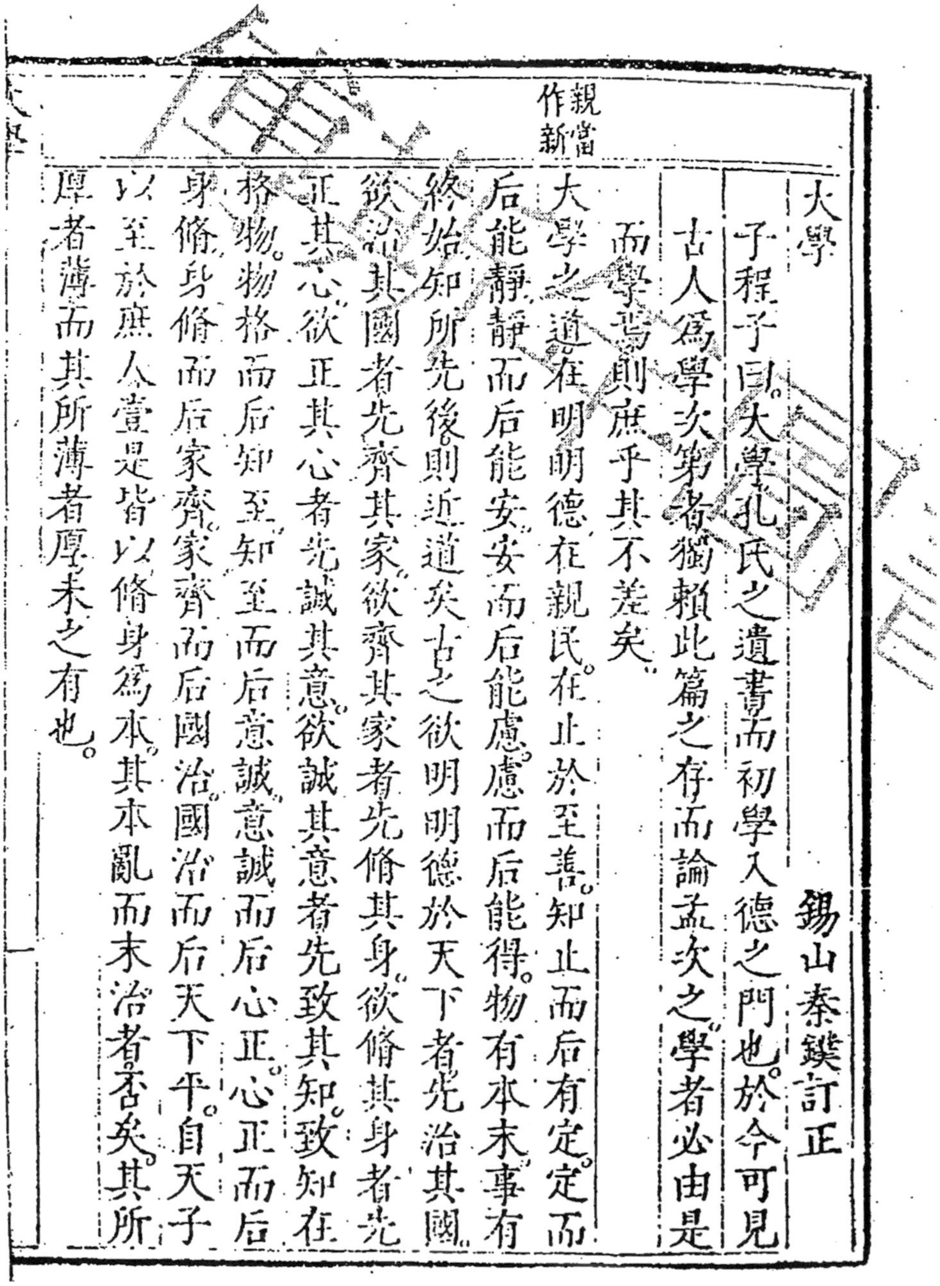
大學　　　　錫山秦鏷訂正

子程子曰。大學孔氏之遺書而初學入德之門也。於今可見古人爲學次第者獨賴此篇之存而論孟次之。學者必由是而學焉則庶乎其不差矣。

親當作新

大學之道在明明德在親民。在止於至善。知止而后有定。定而后能靜靜而后能安安而后能慮慮而后能得。物有本末事有終始知所先後則近道矣古之欲明明德於天下者先治其國。欲治其國者先齊其家。欲齊其家者先脩其身。欲脩其身者先正其心欲正其心者先誠其意。欲誠其意者先致其知。致知在格物。物格而后知至。知至而后意誠。意誠而后心正。心正而后身脩身脩而后家齊。家齊而后國治。國治而后天下平。自天子以至於庶人壹是皆以脩身爲本。其本亂而末治者否矣。其所厚者薄而其所薄者厚未之有也。

圖 9：明崇禎十三年（1640）錫山秦氏刊本《中庸章句》

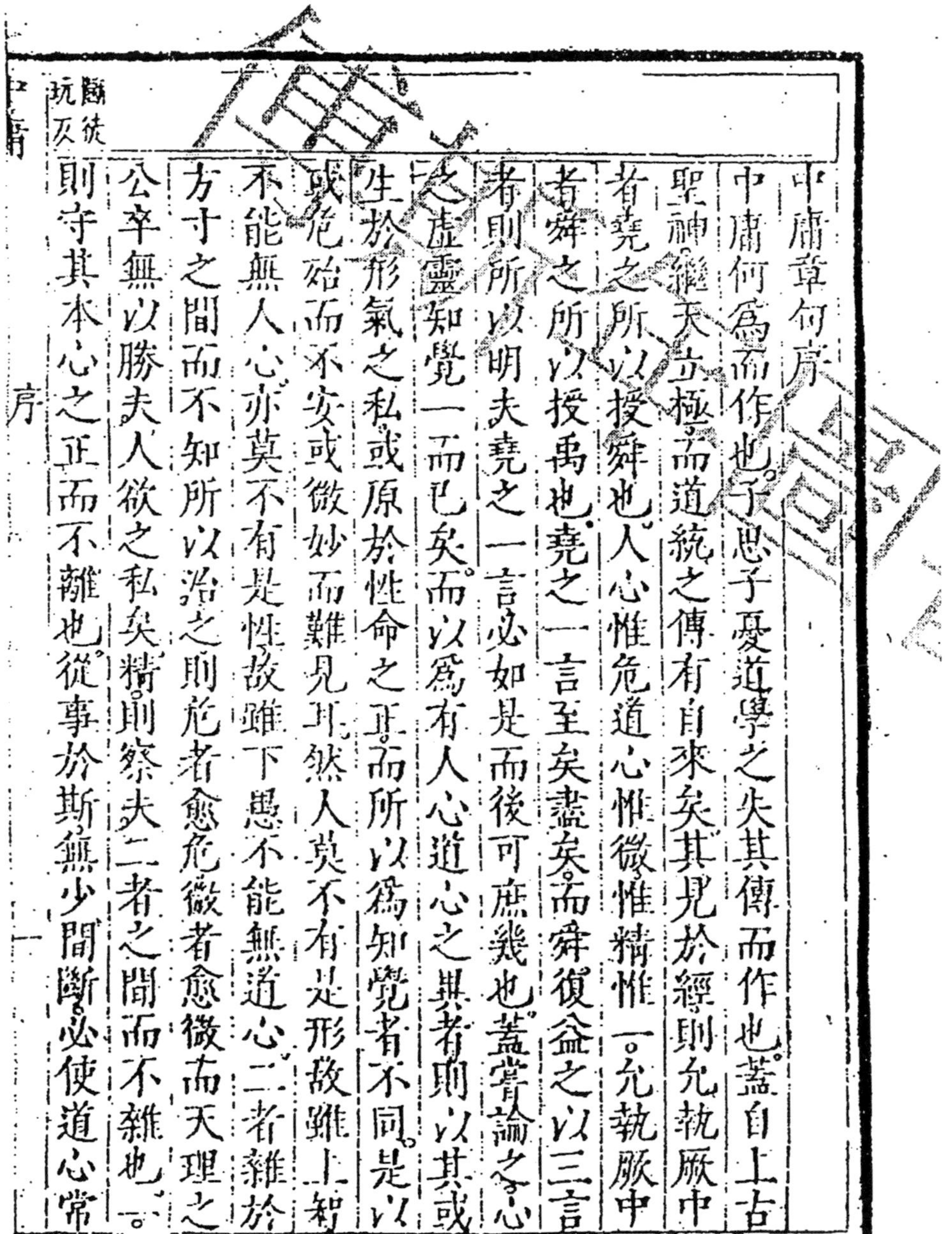
斷徒玩反

中庸章句序

中庸何爲而作也子思子憂道學之失其傳而作也蓋自上古聖神繼天立極而道統之傳有自來矣其見於經則允執厥中者堯之所以授舜也人心惟危道心惟微惟精惟一允執厥中者舜之所以授禹也堯之一言至矣盡矣而舜復益之以三言者則所以明夫堯之一言必如是而後可庶幾也蓋嘗論之心之虛靈知覺一而已矣而以爲有人心道心之異者則以其或生於形氣之私或原於性命之正而所以爲知覺者不同是以或危殆而不安或微妙而難見耳然人莫不有是形故雖上智不能無人心亦莫不有是性故雖下愚不能無道心二者雜於方寸之間而不知所以治之則危者愈危微者愈微而天理之公卒無以勝夫人欲之私矣精則察夫二者之間而不雜也一則守其本心之正而不離也從事於斯無少間斷必使道心常

中庸　序　一

圖 10：明崇禎十三年（1640）錫山秦氏刊本《中庸章句》

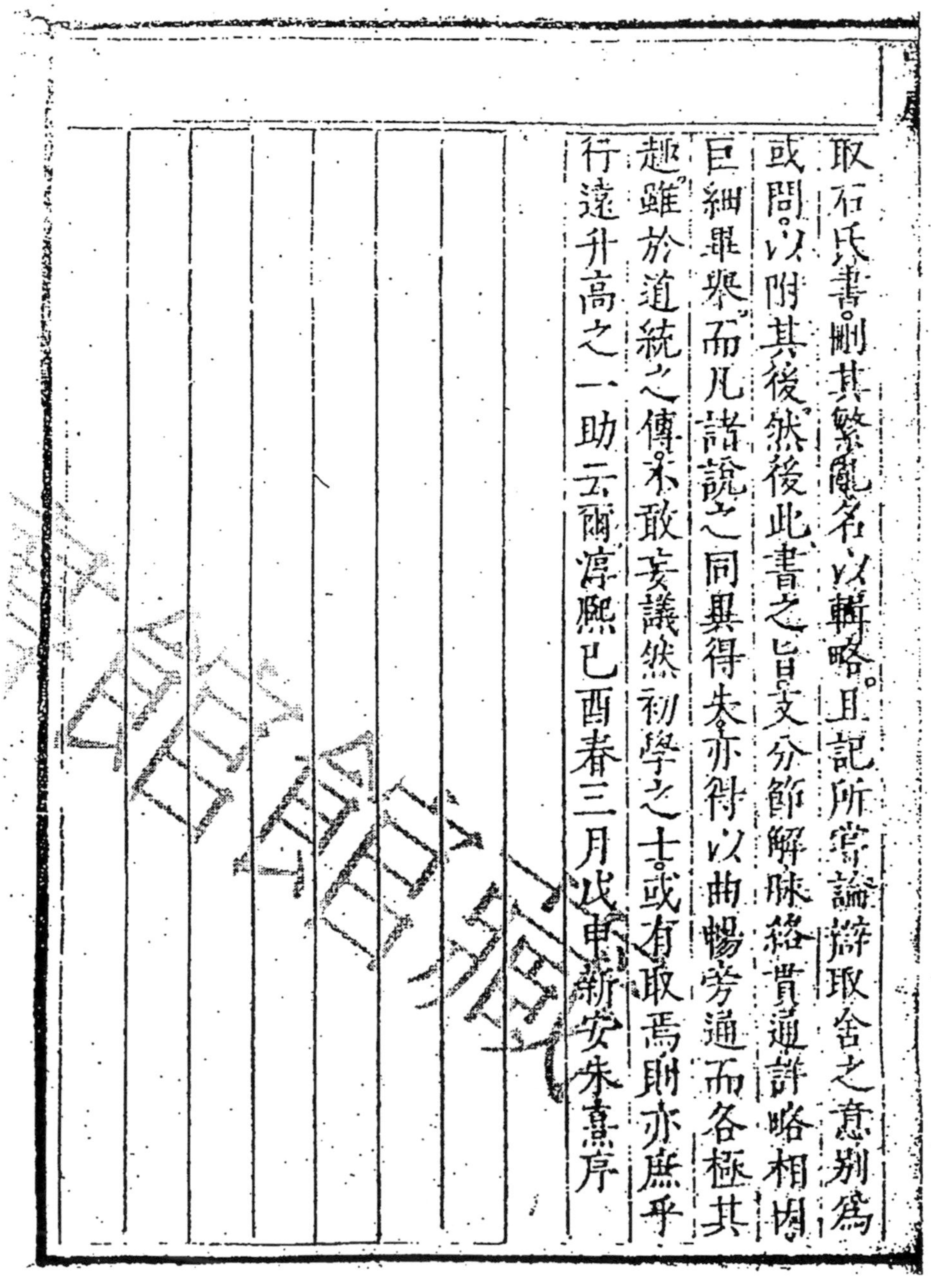

取石氏書。刪其繁亂名以輯略。且記所嘗論辯取舍之意別為

或問以附其後然後此書之旨文分節解脉絡貫通詳略相因

巨細畢舉而凡諸說之同異得失亦得以曲暢旁通而各極其

趣雖於道統之傳不敢妄議然初學之士或有取焉則亦庶乎

行遠升高之一助云爾淳熙己酉春三月戊申新安朱熹序

圖11：明崇禎十三年（1640）錫山秦氏刊本《中庸章句》

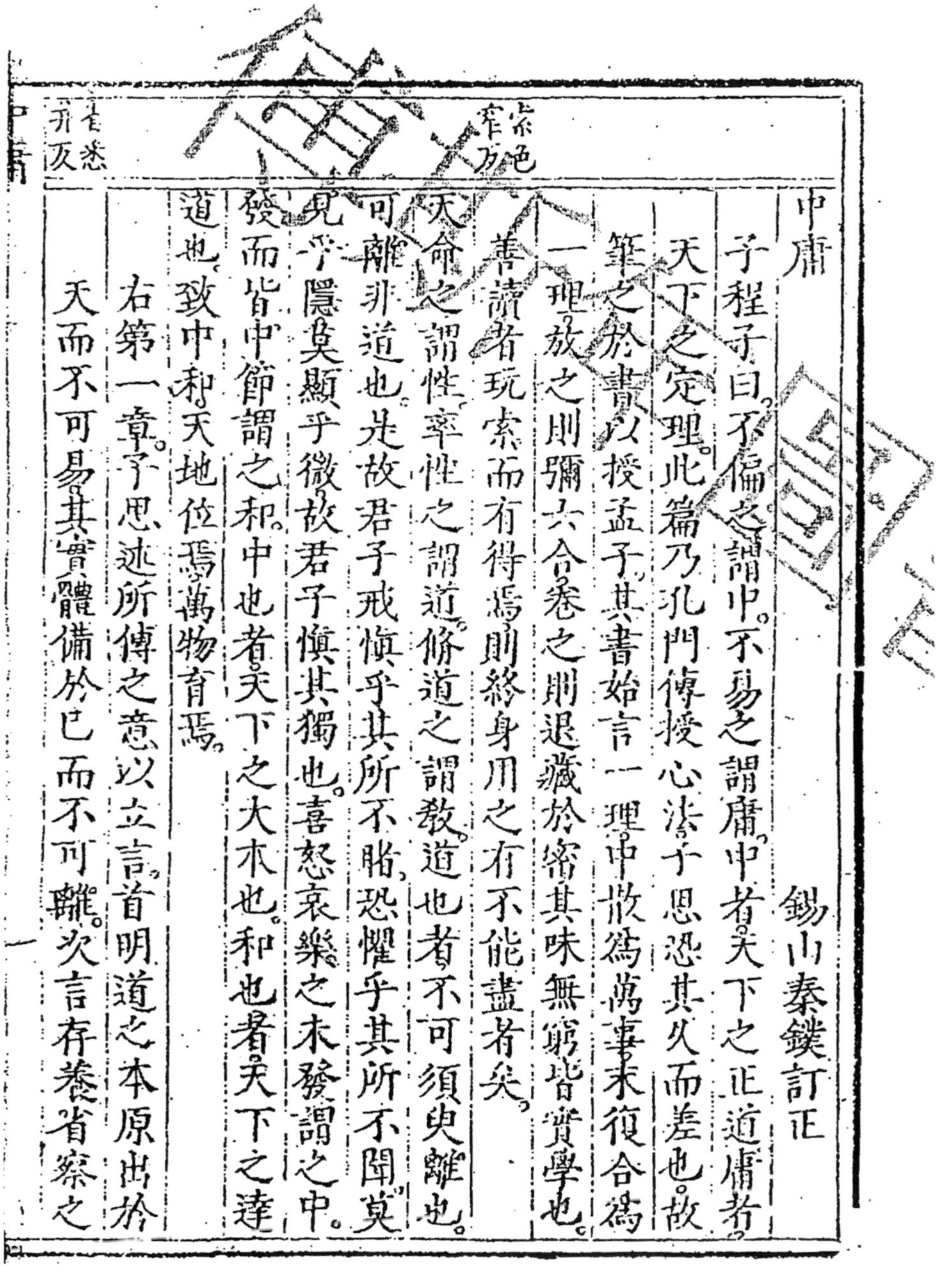

中庸　　　　　　　　　　　　　　　　　　　　　錫山秦鑛訂正

子程子曰，不偏之謂中，不易之謂庸。中者天下之正道，庸者
天下之定理。此篇乃孔門傳授心法，子思恐其久而差也，故
筆之於書，以授孟子。其書始言一理，中散為萬事，末復合為
一理。放之則彌六合，卷之則退藏於密，其味無窮，皆實學也。
善讀者玩索而有得焉，則終身用之，有不能盡者矣。

天命之謂性，率性之謂道，修道之謂教。
道也者，不可須臾離也，可離非道也。是故君子戒慎乎其所不睹，恐懼乎其所不聞。莫
見乎隱，莫顯乎微，故君子慎其獨也。喜怒哀樂之未發謂之中，
發而皆中節謂之和。中也者天下之大本也，和也者天下之達
道也，致中和天地位焉，萬物育焉。

右第一章。子思述所傳之意以立言。首明道之本原出於
天而不可易，其實體備於己而不可離。次言存養省察之

圖 12：清康熙間內府刻本《四書章句集注》

大學章句序

大學之書古之大學所以教人之法也蓋
自天降生民則既莫不與之以仁義禮智
之性矣然其氣質之稟或不能齊是以不
能皆有以知其性之所有而全之也一有
聰明睿智能盡其性者出於其閒則天必
命之以爲億兆之君師使之治而教之以
復其性此伏羲神農黃帝堯舜所以繼天
立極而司徒之職典樂之官所由設也蓋

此朕髫幼日課之書祁寒暑雨未嘗一日離今因
先之職偶一披閱如與宿友晤對而怡不已多乎
乾隆御筆

圖 13：清武英殿覆宋淳祐刊本《四書章句集注》

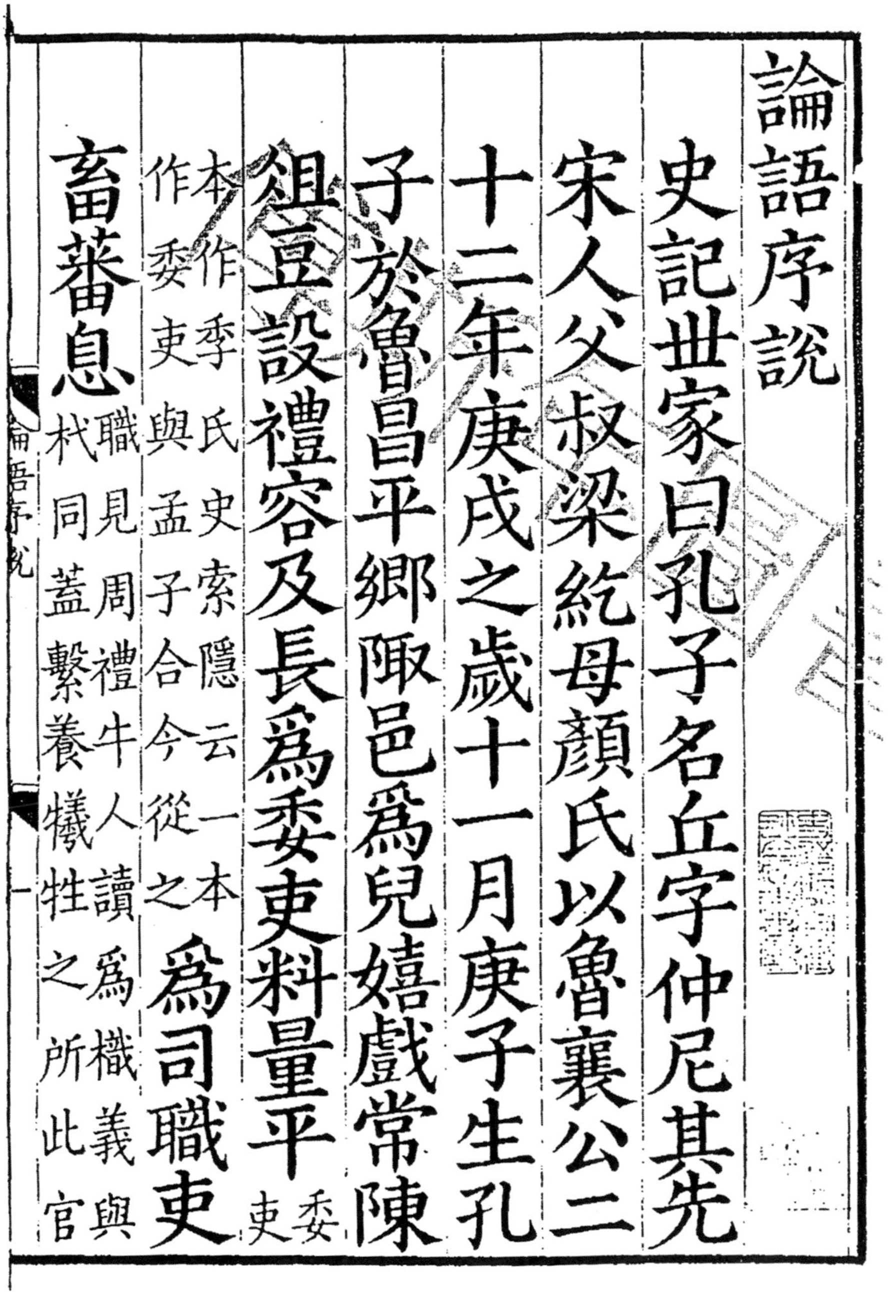

論語序說

史記世家曰孔子名丘字仲尼其先宋人父叔梁紇母顏氏以魯襄公二十二年庚戌之歲十一月庚子生孔子於魯昌平鄉陬邑爲兒嬉戲常陳俎豆設禮容及長爲委吏料量平委吏本作季氏史索隱云一本作委吏與孟子合今從之爲司職吏畜蕃息職見周禮牛人讀爲樴義與杙同蓋繫養犧牲之所此官

論語序說　一

圖 14：清武英殿覆宋淳祐刊本《四書章句集注》

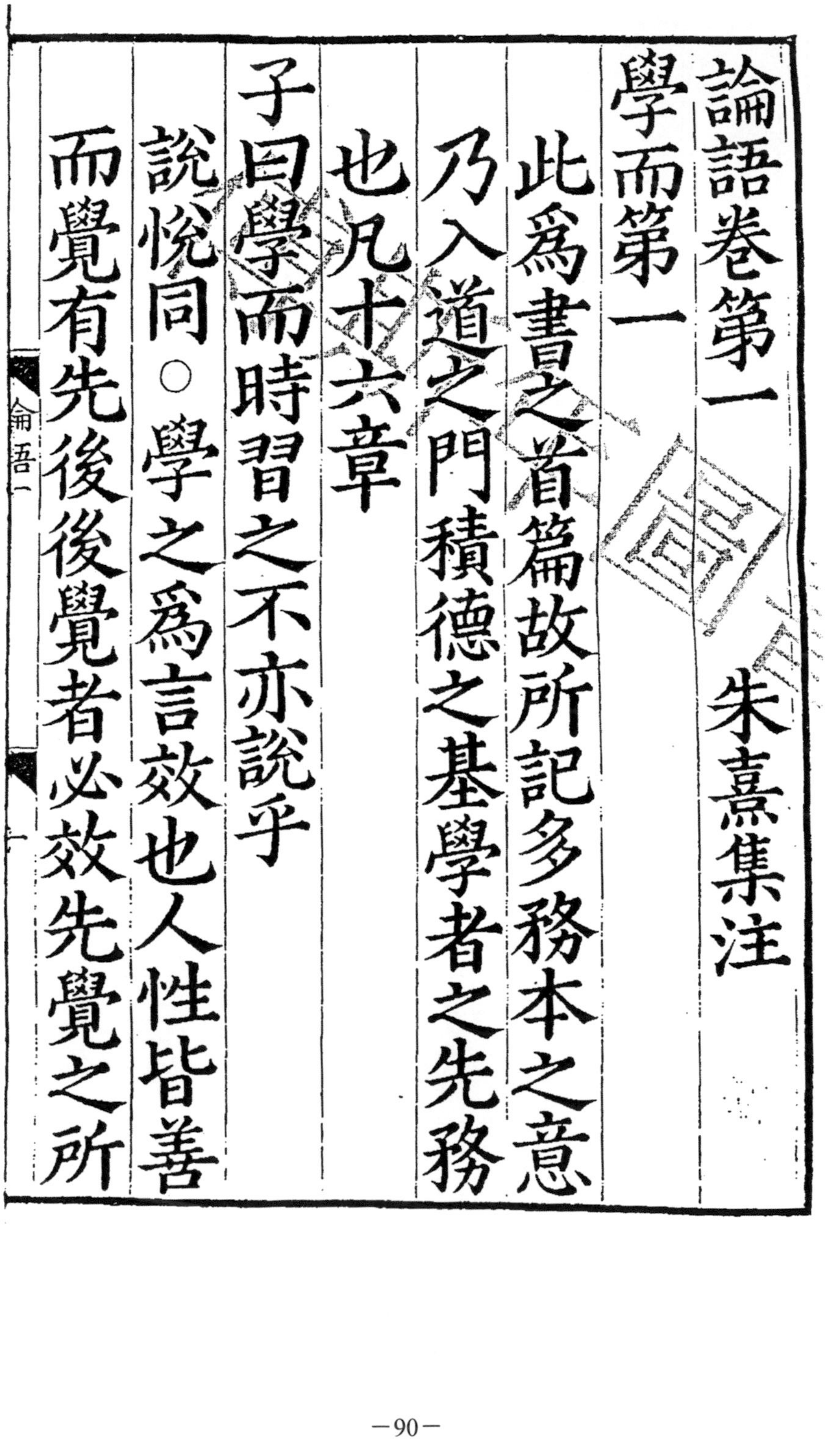

論語卷第一　朱熹集注

學而第一

此爲書之首篇故所記多務本之意乃入道之門積德之基學者之先務也凡十六章

子曰學而時習之不亦說乎

說悅同○學之爲言效也人性皆善而覺有先後後覺者必效先覺之所

論語一

圖 15：清武英殿覆宋淳祐刊本《四書章句集注》

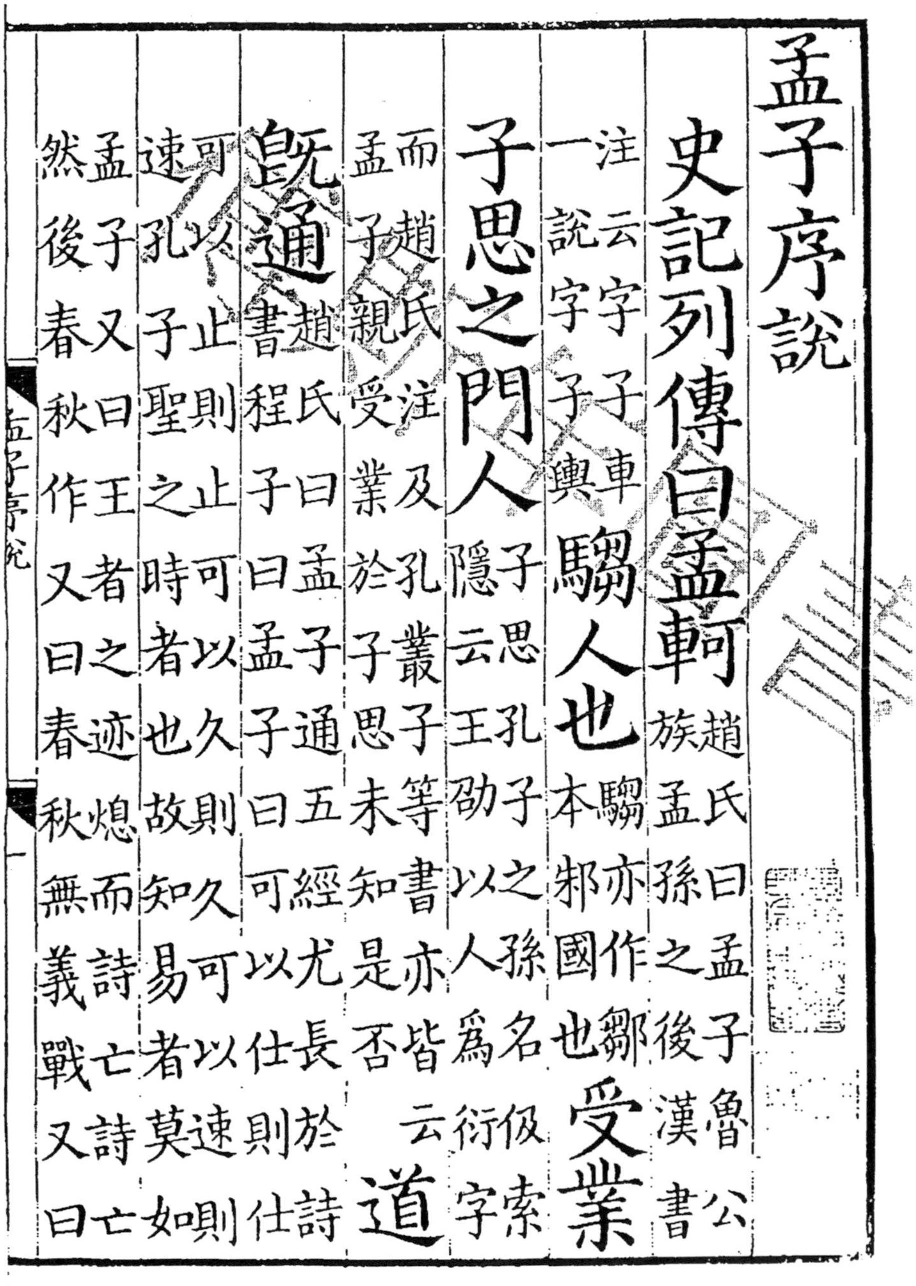

孟子序說

史記列傳曰孟軻〔趙氏曰孟子魯公族孟孫之後漢書〕騶人也〔注云字子車一說字子輿本邾國也亦作邹國也〕受業〔子思之門人，子思孔子之孫，名伋，索隱云王劭以人為衍字，則是孟子親受業及於孔叢子等書，未知是否，皆云〕子思之門人〔而趙氏注受業及於孔叢子等書……〕既通〔書趙程氏曰孟子通五經，尤長於詩書〕程子曰：孟子曰「可以仕則仕，可以止則止，可以久則久，可以速則速」，孔子也。故知易者莫如孔子，詩亡……

然孟子又曰：王者之迹熄而詩亡，詩亡然後春秋作。又曰：春秋無義戰。又曰：……

圖 16：清武英殿覆宋淳祐刊本《四書章句集注》

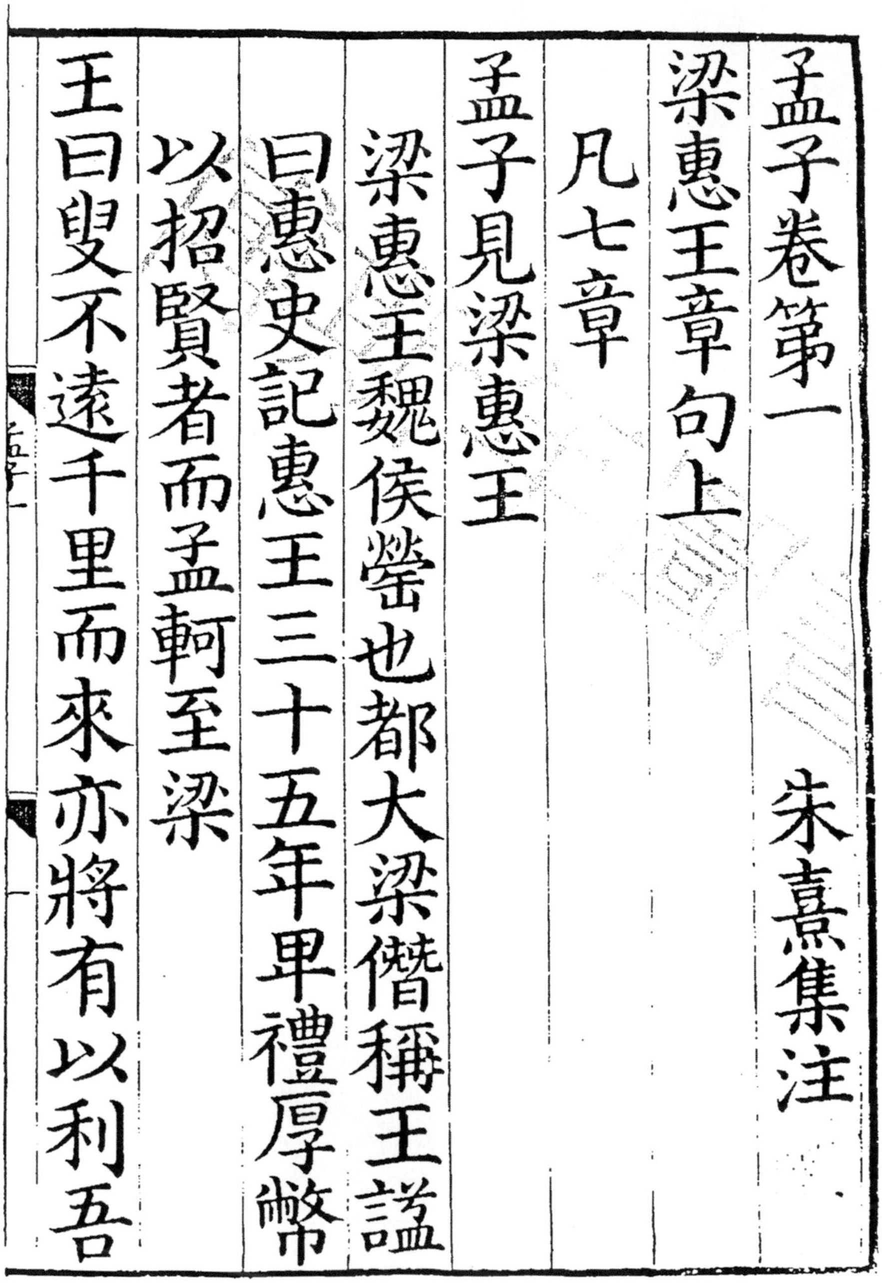

> 孟子卷第一　　　　　朱熹集注
>
> 梁惠王章句上
>
> 凡七章
>
> 孟子見梁惠王
>
> 梁惠王魏侯罃也都大梁僭稱王謚
> 曰惠史記惠王三十五年甲禮厚幣
> 以招賢者而孟軻至梁
>
> 王曰叟不遠千里而來亦將有以利吾

圖 17：清武英殿覆宋淳祐刊本《四書章句集注》

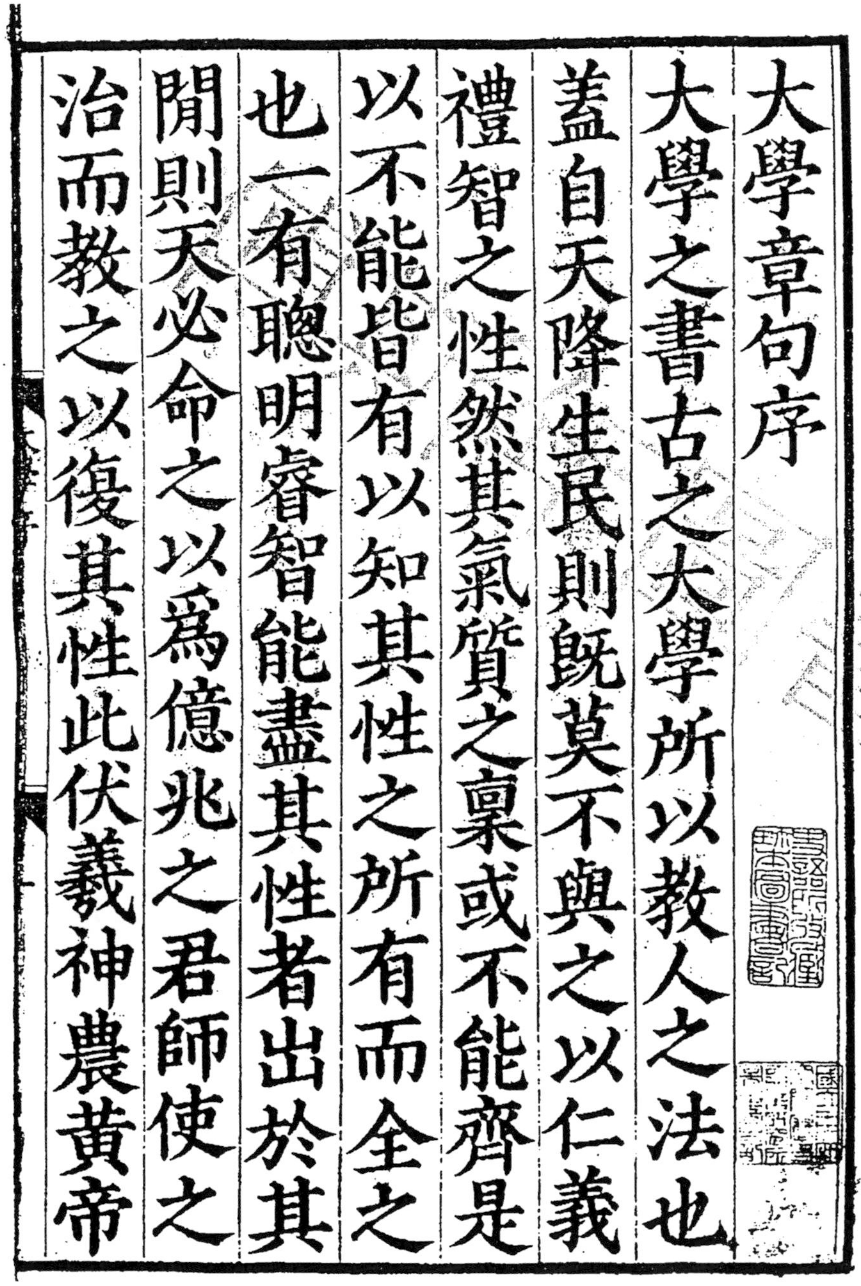

大學章句序

大學之書古之大學所以教人之法也
蓋自天降生民則旣莫不與之以仁義
禮智之性然其氣質之稟或不能齊是
以不能皆有以知其性之所有而全之
也一有聰明睿智能盡其性者出於其
閒則天必命之以爲億兆之君師使之
治而教之以復其性此伏羲神農黃帝

圖 18：清武英殿覆宋淳祐刊本《四書章句集注》

大學

朱熹章句

大舊音泰今讀如字

子程子曰大學孔氏之遺書而初學入德之門也於今可見古人爲學次第者獨賴此篇之存而論孟次之學者必由是而學焉則庶乎其不差矣

大學之道在明明德在親民在止於至善

大學　一

圖 19：清武英殿覆宋淳祐刊本《四書章句集注》

中庸章句序

中庸何爲而作也子思子憂道學之失
其傳而作也蓋自上古聖神繼天立極
而道統之傳有自來矣其見於經則允
執厥中者堯之所以授舜也人心惟危
道心惟微惟精惟一允執厥中者舜之
所以授禹也堯之一言至矣盡矣而舜
復益之以三言者則所以明夫堯之一

中庸序

圖 20：清武英殿覆宋淳祐刊本《四書章句集注》

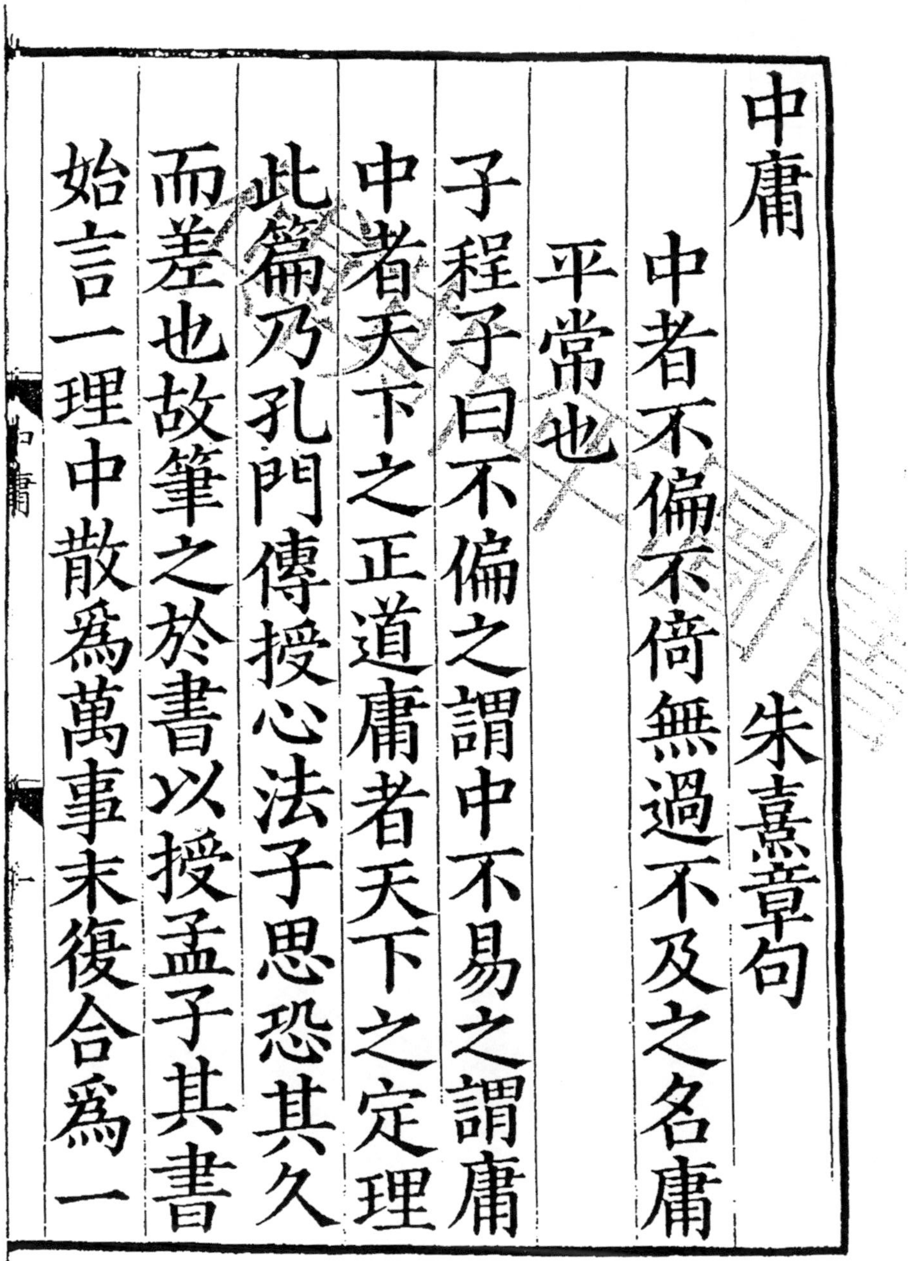

中庸　　朱熹章句

中者不偏不倚無過不及之名庸

平常也

子程子曰不偏之謂中不易之謂庸

中者天下之正道庸者天下之定理

此篇乃孔門傳授心法子思恐其久

而差也故筆之於書以授孟子其書

始言一理中散為萬事末復合為一